五彩校园文化艺术活动丛书

校园智力类活动指导手册

石岚君 ◎编著

吉林出版集团股份有限公司
全国百佳图书出版单位

前言 PREFACE

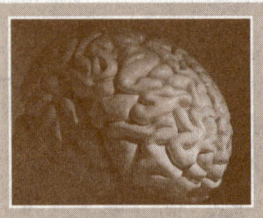

在党和政府的要求下，长期以来，学校文化艺术活动作为学校教育教学工作的一个重要组成部分，不仅是广大青少年建立兴趣爱好和成材的重要途径，而且是学校德育工作发挥巨大作用的主要因素。营造丰富多彩的校园文化，为广大青少年开拓广阔的成材之路，这是加强素质教育的要求，也是培养青少年未来实现中国梦想的要求。

学校开展形式多样的文化艺术活动，能够使广大青少年达到开阔视野、陶冶情操、增长才智、提高素质、沟通人际、适应社会以及改善知识结构和掌握实用技能等方面的效果。在这些文化艺术活动中，广大青少年通过接受不同形式、不同内容的有益教育，能够起到潜移默化的作用，这对造就和培养有理想、有道德、有纪律、有文化、适应中国复兴和实现中国梦的新一代人才有着十分重要的作用。

因此，越来越多的学校对于开展丰富的文化艺术活动和营造浓郁的校园文化环境给予了越来越多的投入和努力，学校里的音乐队、合唱团、舞蹈队、书画社、兴趣小组等，简直琳琅满目。因此，校园文化艺术活动的组织策划与指导就显得十分重要了。这就需要坚持先进文化的正确方向，以育人为根本目标，努力发展符合实际需要、并为广大师生喜闻乐见，且具有实效的校园物质文化和精神文化体系，真正营造五彩校园的文化氛围。

为此，根据党和政府有关政策和部门的要求以及国内外最新校园文化艺术的发展方向，特别编撰了《五彩校园文化艺术活动》丛书，不仅包括校园文化艺术活动的组织管理、策划方案等指导性内容，还包括阅读、科普、歌咏、器乐、绘画、书法、美化、舞蹈、文学、口才、曲艺、戏剧、表演、游艺、游戏、智力、收藏、棋艺、牌技、旅游、健身等具体活动项目，还包括节庆、会展、行为、环保、场馆等不同情景的活动开展形式等，具有很强的系统性、娱乐性、指导性和实用性。

本套丛书适当配图，图文并茂，设计精美，格调高雅，不仅是广大学校用于开展丰富文化艺术活动的最佳指导读物，也是大中小学学校领导、教师，在校大中小学学生、研究生、博士生以及有关人员学习的最佳实用读物，还是各级图书馆珍藏的最佳版本。

目录 CONTENTS

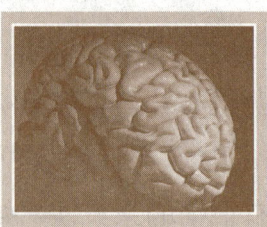

N01. 校园智力活动学习指导

智力的定义及构成因素............002
智力的影响因素............005
智力的开发与增长方法............008

N02. 学生观察力锻炼指导

观察力的定义与特点............014
提高学生观察力的方法............020
训练学生观察力的方法与步骤...027
学生观察力的锻炼游戏............030

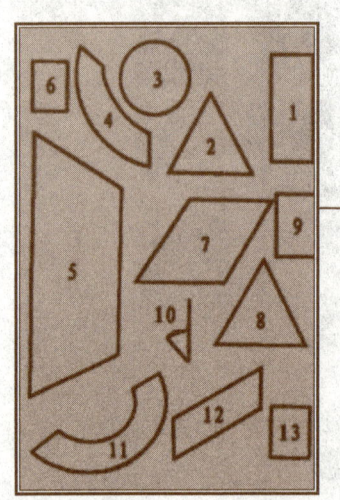

N03. 学生注意力锻炼指导

注意力的定义与特点............044
学生注意力的提高与训练............046
学生保持注意力的方法............054
学生注意力的锻炼游戏............056

N04. 学生记忆力锻炼指导

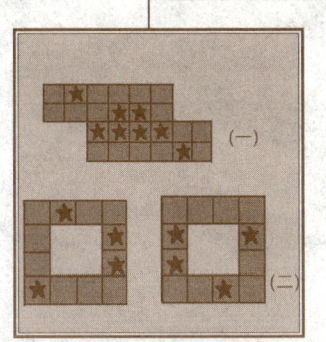

记忆力的分类 078
影响学生记忆力的因素 082
提高学生记忆力的方法与步骤 085
学生记忆力的锻炼游戏 089

N05. 学生思维力锻炼指导

思维力的定义与内涵 112
学生思维力的调整与提高 114
学生思维力的训练与培养 119
学生思维力的锻炼游戏 123

N06. 学生想象力锻炼指导

想象力的定义与形式 148
想象力的技巧与重要性 154
学生想象力的训练方法 159
学生想象力的锻炼游戏 162

NO1.校园智力活动学习指导

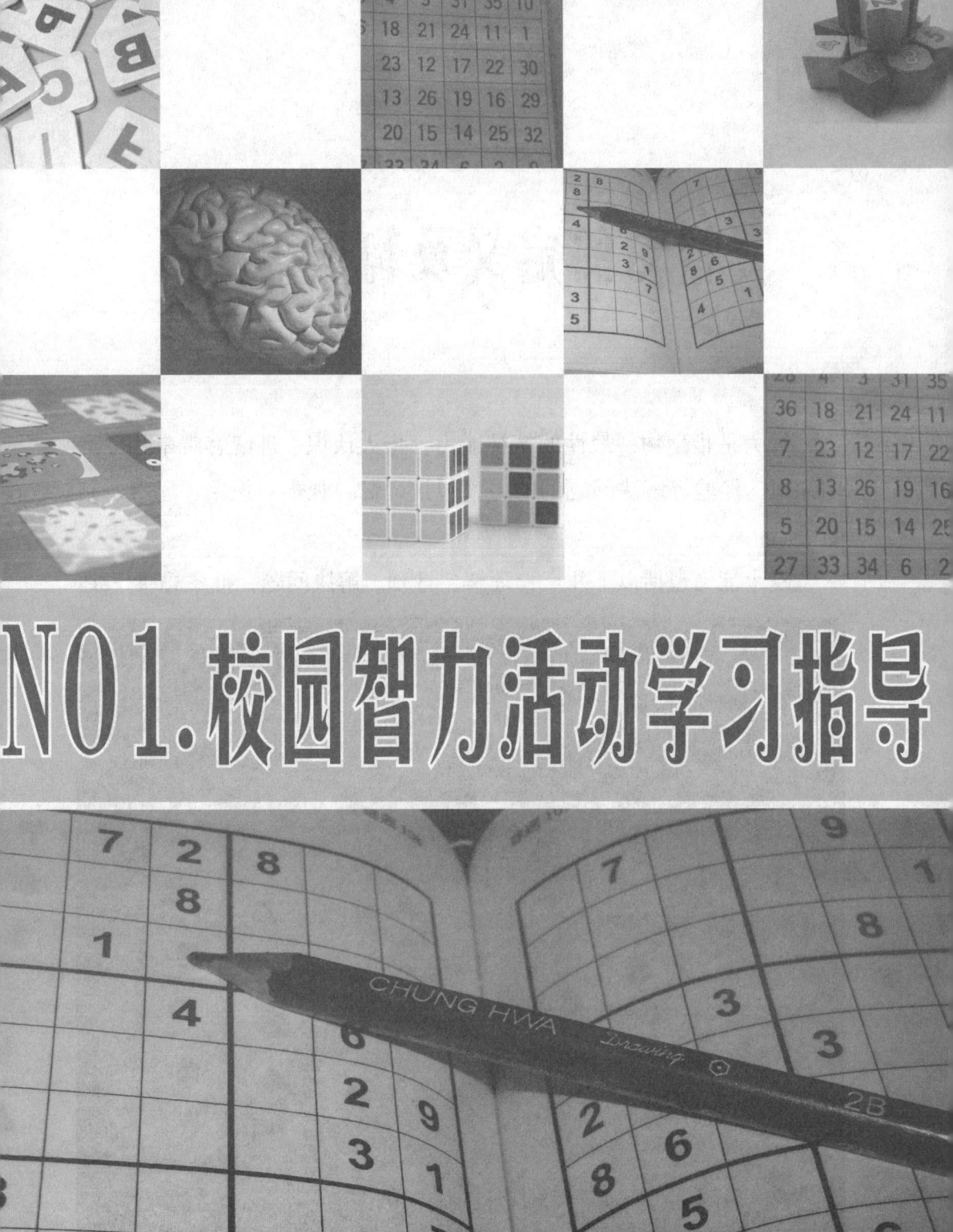

智力的定义及构成因素

　　智力是指生物一般性的精神能力。指人认识、理解客观事物并运用知识、经验等解决问题的能力,包括记忆、观察、想象、思考、判断等。

　　这个能力包括以下几点：理解、计划、解决问题,抽象思维,表达

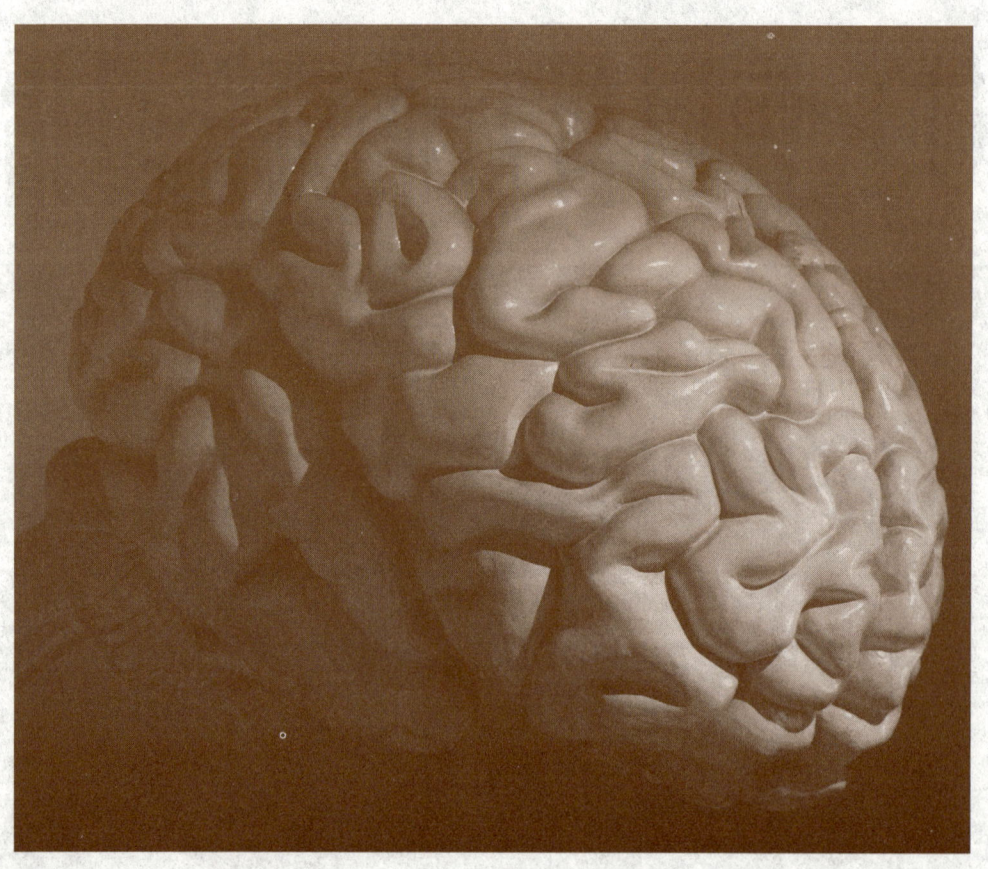

意念以及语言和学习的能力。当考虑到动物智力时,"智力"的定义也可以概括为:通过改变自身、改变环境或找到一个新的环境去有效地适应环境的能力。

观察力

是指大脑对事物的观察能力,如通过观察发现新奇的事物等,在观察过程中对声音、气味、温度等有一个新的认识,并通过对现象的观察,提高对事物本质认识的能力。

我们可以在学习训练中增加一些训练内容,如观察和想像项目,通过训练来提高学员的观察力和想像力。

注意力

是指人的心理活动指向和集中于某种事物的能力。

例如我们好的学员能够全神贯注地长时间地看书和研究课题,而对其他的无关的游戏、活动等的兴趣大大降低,这就是注意力强的体

现。

记忆力

是认识、保持、再认识和重现客观事物所反映的内容和经验的能力。例如我们到老时也还记得父亲母亲年轻时的形象,少年时家庭的环境等一些场景,那就是人的记忆在起作用。

思维力

是人脑对客观事物间接的、概括的反映能力。当人们在学会观察事物之后,他逐渐会把各种不同的物品、事件、经验分类归纳,不同的类型他都能通过思维进行概括。思维力是智力的核心。

想象力

是人在已有形象的基础上,在头脑中创造出新形象的能力。比如当你说起汽车,我马上就想像出各种各样的汽车形象来就是这个道理。因此,想象一般是在掌握一定的知识面的基础上完成的。

智力的影响因素

饮食

人是大自然创造的,食物是生命也是大脑的物质基础,食物决定了生命、大脑的健康。大量的研究结果表明,缺乏某些食物大脑就会不健康,甚至造成无脑儿。人类的精英主要是巧合的科学食疗,因此,如果把这种巧合变成科学——个性化科学食疗,人就可以变得更加聪明。

遗传与环境

遗传素质是智力发展的生物前提。良好的遗传素质,是智力发展的基础和自然条件。有研究发现:遗传关系越密切,个体之间的智力越相似。但是遗传只为智力发展提供了可能性,要使智力发展的可能性变成现实性,还需要社会、家庭与学校教育许多方面的共同作用。在遗传和环境对智力的作用上,遗传决定了智力发展的上限,这个上限只有在一种理想的适时环境下才能达到;而遗传所决定的上限越高,环境的作用就越大。

早期经验

人的智力发展的速度是不均衡的。研究表明,早期阶段获得的经验越多,智力发展得就越迅速,不少人把学龄前称为智力发展的一个关键期。美国布鲁姆提出了一个重要假设,把5岁前视为智力发展最迅速的时期,如果17岁的智力水平为100%,那么从出生到4岁就获得50%的智力,其余30%是4-7岁获得的,另外20%是8--17岁获得的。

教育与教学

智力不是天生的，教育和教学对智力的发展起着主导作用。教育和教学不但使儿童获得前人的知识经验，而且促进儿童心理能力的发展。例如教师在运用分析和概括的方法讲授课程内容时，不仅使学生获得有关的知识，还掌握了把这种方法作为思维的手段，如果把这种外部的教学方法和学习方法逐渐转化为内部概括的思维操作，这方面的能力便形成了。

社会实践

人的智力是人在认识和改造客观世界的实践中逐渐发展起来的。社会实践不仅是学习知识的重要途径，也是智力发展的重要基础。爱迪生的启蒙教师是自己的母亲，但实验是他创造发明的基础，是他才智形成的重要条件。

主观努力

环境和教育的决定作用，只能机械、被动地影响能力的发展。如果没有主观努力和个人的勤奋，要想获得事业的成功和能力的发展是根本不可能的。

世界上许多杰出的思想家、科学家、艺术家，无论他们所从事的事业多么不同，但他们都具有共同点，即醉心于自己的事业，长期坚持不懈，刻苦努力，顽强与困难作斗争。如果没有这些，他们也只能是平庸的人，既不可能取得成就，能力的提高也无从谈起。

智力的开发与增长方法

开发智力

智力对一个人的影响是很大的,所以对于智力的培养非常的重要,那么,如何去培养与开发孩子的智力,问渠心理网为家长给出以下几个方案。

家长应该以欣赏、欣慰、感恩的心态对待自己的孩子,自始至终对自己的孩子充满信心和希望。每个孩子都是一个潜在的天才!每个孩子都不同程度地拥有八种智力或九种智力!每个孩子都有可能将其中的一种或几种智力发挥到淋漓尽致!

家长应该重新认识"智力",及时转移开发孩子"智力"的重

心。传统的智力以言语——语言智力和逻辑——数理智力为核心，家长主要关注孩子言语——语言智力和逻辑——数理智力的培养和发展。加德纳的研究结果表明：智力是"在一定的社会文化背景下，个体用以解决自己面临的真正难题和生产及创造出社会所需的有效产品的能力"。

　　家长应该及时将开发孩子"智力"的重心转移到培养和发展孩子"解决实际问题的能力"和"生产及创造出社会需要的有效产品的能力"上，注重孩子适应社会发展需要的素质的全面提升的培养。(在某种意义上，素质教育所强调的培养孩子的实践能力和创造能力与加德纳的多元智力理论所追求的方向是一致的)。

　　家长应该与时俱进，终身学习，不断掌握"激活"孩子各种智力的有效方法。智力是一种潜能，是人的中枢神经系统的潜在发展能力。家长可以成为这种潜能的"激活者"，也有可能在无知中或无意间成为这种潜能的"终结者"。

因此，激活孩子的"潜能"，不仅需要家长的爱心，更需要家长的智慧和技巧。家长应该积极主动地学习，终身学习，不断汲取最新的科学的教育理念和教育方法，客观地观察孩子、公正地评估孩子、合理地引导孩子、科学地"开发"孩子……高效地激活孩子的"潜能"，使孩子的生命更加精彩！

家长不应该盲目"跟风"，更不能生搬硬套。家教模式及方法不要最好的，只要最合适的。每个孩子都是一个完整的生命体，都是一个独立的个体。每个孩子都有着自己独特的智力组成及结构，有着与众不同的优势智力领域和弱势智力领域，有着自己个性化的学习风格和学习方法。

家长应该注重"因材施教"，"对症下药"。决不能盲目"跟风"、生搬硬套。适合别的家庭、别的孩子的模式及方法，不一定适合你的家庭、你的孩子！

增长方法

1. 言语——语言智力

是人们读、写和用词语进行交流的能力。突出表现在作家、诗人、演说家、社会活动家、教师等身上。

2. 逻辑——数理智力

是人们进行数学思维、逻辑推理、科学分析及计算的能力。这种智力在科学家、数学家、计算机软件工程师、律师、法官、哲学家、会计师等身上有着极大的发展。

3. 音乐——节奏智力

音乐节奏智力结构中的最主要的因素是：音高、旋律、节奏、音色。这种智力突出表现在作曲家、指挥家、演奏家及舞台表演者身上。

4. 视觉——空间智力

是人们在头脑中形成外部空间世界的模式并运用和操作这种模式的能力。优秀的建筑设计师、画家、航海家、雕塑家等都具有高度发达的视觉——空间智力。

5. 身体——动觉智力

是人们对身体运动的控制能力和熟练操作对象的能力。舞蹈家、外科医生、体操运动员等都具有优良的身体——动觉智力。

6. 交往——交流智力

是善于理解他人、熟探他人心思、与人融洽相处、善于组织沟通的能力。交往——交流智力发达的人，都是沟通、谈判的高手，能很好地胜任谈判专家、咨询人员、营销人员、教师等职业。

7. 自知——自省智力

是深入了解自己的内心世界、情绪情感、行为动机并能加以调节的能力。一般来说，文学家、哲学家、心理学家、音乐家、神职人员都具有高度发达的自知——自省智力。

NO2.学生观察力锻炼指导

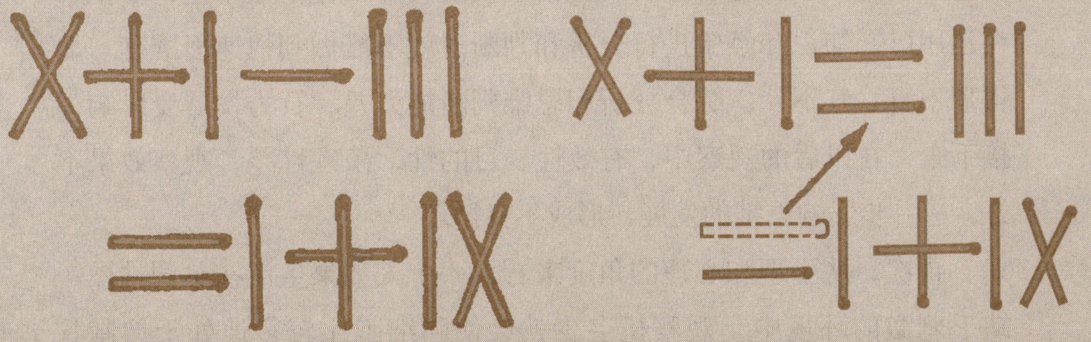

观察力的定义与特点

定义

观察力是人类智力结构的重要基础,是思维的起点,是聪明大脑的"眼睛",所以有人说"思维是核心,观察是入门"。

首先,我们知道,一个正常人从外界接触到的信息有百分之八十以上都是通过视觉和听觉的通道传入大脑,通过观察获得的,没有观察,智力发展就好像树木生长没有了土壤、江河湖海没有了水的源头一样,失去了根本。

其次,观察力的发展离不开思维的进步,而思维是智力的核心。人们认识事物,都由观察开始,继而开始注意、记忆和思维。因而观察是认识的出发点,同时又借助于思维提高来发展优良的观察力。如果一个人的观察力低,那么他的记忆对象往往模糊而不确切、不突出,回忆过去感知过的事物时就常常模棱两可,记忆效果差,于是,在运用已有知识和经验进行分析和判断时就不能做到快速而准确,显得理不直、气不壮,综合分析和思维判断能力差,智力发展受影响,接下来,在以后的观察中,有效性、目的性、条理性差,观察效果不好,进一步影响思维的发展,形成不良循环。

再次,从生理和心理的角度来看,一个人如果生活在单调枯燥、缺乏刺激的环境中,观察机会少就会使脑细胞比较多地处于抑制状态,大脑皮层发育较缓慢,智力显得相对落后。相反,如果一个人经

常生活在丰富多彩、充满刺激的环境中，坚持经常到户外、野外去观察各种事物和现象，大脑皮层接受丰富刺激，经常处于兴奋活动状态，其大脑的发育就相对较好，智力也较发达。

众所周知，人的身心发展除了一定的遗传作用外，更多受环境和教育的影响，因此，要想拥有一个智慧的头脑，就应该勇敢地拓宽视野，敢于观察，善于观察，为自己的智力发展开启一扇明亮的"窗户"，为自己的大脑赋予一双"聪明的眼睛"！

特点

观察力的品质又称作观察力的特点。了解观察力的品质对提高智力有重要意义。

1.观察的目的性

一个人在进行感知时，如果没有明确的目的，那只能算是一般感知，不能称作观察。只有当那种感知活动具有明确的目的时，它才能算是观察。因此可以说，目的性是区分一般感知和观察力的重要特点之一。

作为观察的目的性，至少应当包括：明确观察对象、观察要求、观察的步骤和方法。而这些内容，可以在观察前的观察计划中以书面的形式写下来。一般地说，不论是长期的观察，系统的观察，还是短期的、零星的观察，都须制定观察计划。

观察的目的性，还要求我们在进行观察时，必须勤做记录。这种记录是我们保存第一手资料最可靠的手段。记录要力求系统全面，详尽具体，正确清楚，并持之以恒。贝弗里奇告诉我们："做详尽的笔记和绘图都是促进准确观察的宝贵方法。在记录科学的观察时，我们永远应该精益求精。"

实践证明，要做好观察记录，特别是长期的系统的观察记录（如观察日记），必须坚持到底，持之以恒。切忌为山九仞，功亏一篑。

中国科学院副院长、气象学专家竺可桢在北京几十年如一日,对气候变化,进行长期观察,从不间断。他每天都坚持测量气温、风向、温度等气象数据,直到逝世的前一天。为编写《中国物候学》积累了丰富的资料。

2.观察的条理性

观察是一种复杂而细致的艺术,不是随随便便,漫无条理地进行所能奏效的。观察必须全面系统,有条不紊地进行。长期的观察需要如此,短期的观察也需要如此。

一般来说,有这样几种方式。

第一,按事物出现的时间说,可以由先到后进行观察。

第二,按事物所处的空间说,可以由远及近或由近及远地进行观察。

第三,按事物本身的结构说,可以由外到内,也可以由内到外,或者由上到下,由左到右,可以由局部到整体,也可以由整体到局部进行观察。

第四,按事物外部特征说,可由大到小或者由小到大进行观察。

观察力的条理性,可以保证输入的信息具有系统性、条理性,而这样的信息,也就便于智力活动对它进行加工编码,从而提高活动的速度与正确性。

如果一个人做事杂乱无章,那通过他所获得的信息也就必然是杂乱无章的。这样,他的智力活动要在一堆乱麻中理出一个头绪来,必然要花费较多的时间和精力,甚至还可能影响到智力活动的正确性。

3.观察的理解性

观察力包含两个必不可少的因素:一是感知因素(通常是视觉),二是思维因素。

思维参与观察力的主要作用,它可以提高观察的理解性。理解可以使我们及时地把握观察到客体的意义，从而提高我们对客体观察的迅速性、完整性、真实性和深刻性。

在观察过程中，运用基本的思维方法，对事物进行有效地比较分类、分析、综合，找出它们之间的不同点和相同点，这样，就易于把握事物的特点。考察事物的各种特性、部分、方面以及由这些特性、部分、方面所联成的整体，就会使我们易于把握事物的整体和部分。

4.观察力的敏锐性

观察力的敏锐性指迅速而善于发现易被忽略的信息。科学家和发明家的可贵之处就在于此。牛顿根据苹果坠地发现了万有引力规律，瓦特根据水蒸气推动壶盖发明了蒸汽机。

在学习活动中，同学之间的观察力千差万别，同是一个问题，有的同学一眼就看出问题的要害和内在联系，有的同学则相反。敏锐性的高低是观察力高低的一个重要指标。

观察力的敏锐性与一个人的兴趣往往是密切相关的。不同的人在观察同一现象时，会根据自己的兴趣而注意到不同的事物。兴趣可以提高人们观察力的敏锐性。例如，同在乡野逗留，植物学家会敏锐地注意到各种不同的庄稼和野生植物；而一个动物学家则会注意到各种不同的家畜和野生动物。

达尔文曾经谈到自己和一位同事在探测一个山谷时，如何对某些意外的现象视而不见："我们俩谁也没有看见周围奇妙的冰河现象的痕迹；我们没有注意到有明显痕迹的岩石，耸峙的巨砾……"显然，达尔文对各类生物的观察力是非常敏锐的，但对于地质现象却没有什么兴趣。

观察力的敏锐性是与一个人的知识经验密切相关的。一个知识渊博、经验丰富的人，他在错综复杂的大千世界中，自然容易观察到许多有意义的东西。

相反,一个知识面狭窄、经验贫乏的人。他面对许多被观察的对象,总有应接不暇的感觉,而结果什么都发现不了。当然,知识对观察的敏锐性还有消极作用。有些人常常凭借知识对一些事物进行主观臆断。歌德曾说过:"我们见到的只是我们知道的。"

5.观察力的准确性

正确地获得与观察对象有关的信息。在观察过程中,不只是注意搜寻那些预期的事物,而且还要注意那些意外的情况。

其次,是对事物进行精确地观察:既能注意到事物比较明显的特征,又能觉察出事物比较隐蔽的特征;既能观察事物的全过程,又能掌握事物的各个发展阶段的特点;既能综合地把握事物的整体,又能分别地考察事物的各个部分;既能发现事物相似之处,又能辨别它们之间的细微差别。

再次,搜寻每一细节。一个具有精确观察力品质的人,他在观察

事物的过程中，就会避免那种简单的、传统的、老一套的方式，选择那种不寻常的、不符合正规的、复杂多变的创新方式，这往往是富有创造力的表现。

例如，让被试者在30分钟之内用22种不同颜色，一寸见方的硬纸片，拼成24厘米长、33厘米宽的镶嵌图案时，创造能力高的人通常尝试用22种颜色，而较平凡的人则趋于简单化，利用颜色的种类较少。

不但如此，创造能力较高的人所拼的图案，近乎奇特，无规律，不美观，他们不愿意依样画葫芦，仿拼任何普通图形，而愿意大胆地独出心裁，标新立异，不怕冒险，宁愿向通俗的形、色挑战。

各种观察力的品质在学习活动中有各自不同的作用。观察的目的性是学习目的性的一个有机组成部分，它保证我们的学习能够按照一定的方向和目标进行。

观察的条理性，是循序渐进地从事学习的不可缺少的心理条件，它有助于我们获得系统化的知识。观察力的理解性可以帮助我们在学习中对由观察而获得的知识的理解，不致于生吞活剥，囫囵吞枣。为了获得某些看来平淡无奇，实际上意义较大的知识就必须具有敏锐的观察力。

精确性可以帮助我们对所得到的知识深刻准确地领会，不致于似是而非，以假乱真，错误百出，错漏丛生。在学习中，我们必须把观察力的各种品质结合起来，按照预定的目标去获得系统的、理解的、深刻的、真实可靠的感性知识。

提高学生观察力的方法

提高观察力的方法很多，具体可以分为以下几种：顺序转换法、求同找异法、追踪法、破案法、随感法、观察日记法、任务法、列项划勾法、个体差异法、中心单元法、边缘视觉法等。

顺序转换法

观察要得法，首先就得学会有计划、有次序的顺序查看，从不同角度、不同顺序上去观察同一事物或用同一顺序观察不同事物，从而把握观察对象的整体和实质。

观察顺序，首先指的是被观察事物的不同空间顺序，如从上到下、从左到右、从东到西、从近及远等；其次还可指被观察事物的不同结构组成部分的次序，如从头到尾、由表及里，从整体到部分再到整体。所以，观察同一事物，既可以依循其空间顺序，也可以从其不同结构次序入手，获取的信息不同，认识事物的角度也不同。

比如，观察一尾金鱼，从整体顺序来看，其叶菱形，分为上头、中躯、下尾三个部分，鳃以前是头部，肛门以后是尾部，而鳃和肛门之前便是躯干。从局部结构来看，以头为例，其前端有口，两侧有鼓起的眼袋和眼睛，眼的前面有两个鼻孔，两侧还各有一片鳃盖，鳃盖后缘掩住鳃孔，能开合，与口的运动互相一致配合，让水不停地由口流入，由鳃排出，尾翼长，肚子大，颜色鲜。经过这种顺序地有步骤观察，就可以获得一个完整、清晰的观察印象。

用不同顺序观察不同类事物，往往采用从整体到部分，再从部分到整体的顺序分析法。如观察街景、公园、山色等自然景象，多采用由近及远或由远及近的方位顺序法；而观察某一事件，则必须按照开头（起因）到中间（经过）再到结果的时间发展顺序。

求同找异法

求同找异法就是认真观察和研究观察对象，找出其同类事物之间的异同，并分析其间的关系，其意义在于提高观察者的观察分析、思考、概括、归纳能力。例如对蜜蜂进行观察，必须会注意到蜜蜂那神奇的触角和善于舞蹈的多条脚，由此，引发出观察蚂蚁、蜗牛、蜘蛛、蜻蜓等动物的兴趣。

在观察这些昆虫家族的秘密时，自会发现这些昆虫有的有触角，短而小，有的没有触角，有的有翅膀，有的有甲壳（如瓢虫），有的没有。通过这种求同找异法，比较同类事物之间的异同，进一步观察、进一步比较的积极性就会自然产生。

追踪法

追踪法又可称为间断观察法，即在不同时间、不同条件下对同一事物进行间断地、反复地追踪观察，以了解事物的发展变化过程，掌握规律，而对类似情况作出准确分析和判断。比如，用一个月的时间观察月亮阴晴圆缺的情况。

追踪法的成功实施要靠注意力的长期稳定来实现，而注意力所指向的并不仅仅是观察活动这一事件本身，而更多是在所观察对象变化发展的规律。

因此，运用追踪法进行观察，不是囫囵吞枣，而是运用大脑，经过筛选、比较、分析，从而得出符合规律的客观认识。

破案法

破案法就是从某一观察的现象、线索中的疑问之处入手，进行探

索性的观察,分析找出问题的原因,发现解决问题的办法。

比如瓦特有一次看到暖瓶塞被顶开掉到地上了,他想,暖瓶塞子为什么会被冲开?是什么把它冲开的?它究竟有多大的冲力?带着这些问题,进一步观察,分析和实验,终于受此启发,瓦特发明了世界上第一台蒸气机。

再如,有一个叫焦涤非的人,他念小学三年级时,一次其父带他到铁路边,平时很爱观察的焦涤非发现铁轨是一节一节连接在一起的。他想,为什么不用一根长长的铁轨却在连接处留下一道道缝子呢?于是他问其父,其父答道:"因为钢铁会热胀冷缩,如果用一根长长的铁轨或接头处不留缝隙,那么铁轨在炎热的夏天就会膨胀变形,七拱八弯的,若不信,你可以自己测量测量。"

在父母的支持和帮助下,焦涤非通过观察测量发现,温度的变化,很有规律,气温每下降11℃,间隙就增大一毫米。经过近一年的观察,他详细做了观察记录,同时还写出了铁轨热胀冷缩的观察报告,获得了全国征文比赛优秀奖。更重要的是,通过这一年的观测活动,他不仅掌握了中学阶段的物理知识,而且对观察和自然科学实验的兴趣大大增强了。

随感法

随感法是最简单,也最基本的观察积累手段。它的形式为随看随记,随想随记。它可长可短,字数不定,形式自由。例如,观察养蚕,随看随记,某年某月蛾卵由黄变黑。

某月某日,小蚕破壳而出。某月某日,第一次蜕皮。某月某日第二次蜕皮。某月某日蚕身由黑变白,某月某日,蚕身由白变亮。某月某日,开始吐丝织茧,某日茧成。某日茧破蛾出,某日雌雄蛾子交死,某日产卵。此时,如若翻开随记,就会发现自己拥有了第一手资料。

随感习惯的养成和巩固,可以丰富观察内容,提高观察兴趣。

观察日记法

随着观察材料的不断积累和丰富,简单的随感式摘记显得过于简单,这时就需要记观察日记了。

世界著名生物学家达尔文从小就具有十分出色的观察力,这和他舅舅常鼓励他记观察日记是分不开的。当时,达尔文已经对自己搜集的标本做了一些简单记录,有的还附有简单插图,可是舅舅对他说,"只做摘记是不够的,要把你自己当作一个画家,但不是用颜色和线条,而是用文字。当你描述一种花,一种蝴蝶,一种苔藓的时候,你必须使别人能够根据你的描述立刻辨认出这种东西来。为了搞好科学研究,你必须进一步提高你的文字表达能力,要像莎士比亚那样用文字描绘世界、叙述历史、打动人心。"

我国古代地理学家徐霞客就是一个善于观察和坚持写观察日记的科学家,他走遍我国的名山大川,仔细观察和考察,晚年他把自己的观察日记整理出来,终于留下了光辉的科学著作《徐霞客游记》。

任务法

未经过训练的人在观察时,往往注意力不集中,东看看,西瞧瞧,容易受不相干事物的干扰,忘记了观察目的。因此,在观察训练的初期,在观察活动之前,应适时地给自己或训练对象提出一些要求,下达一定的任务,确立一定的观察目的,使观察有计划地进行。如观察对象有什么特征?周围的环境怎么样?有什么变化等等。

任务法是比较常用和简单易行的方法,它有利于观察计划的顺利实现。

列项划勾法

列项划勾法是任务法的进一步深化,具有更强的实际操作性。

在明确观察任务和目的后,可以给自己列出一个转绕观察任务

的项目表,恰似上街购物前的"购物提示",它能够促使训练者有计划、有目的地观察相关内容。

列项划勾法在每一次观察结束后,实际已保留了较完整、较全面的主要特征法。

所谓主要特征法就是观察事物时,认准被观察对象的主要现象和特点。这是针对一些人在观察时通常分不清观察中的主要现象和次要现象,或者总是注意那些有趣的、奇特的、自己喜爱看的现象而忽视主要内容而言的。

比如,我们观察一只乌龟,如果问"乌龟的主要特征是什么?",可能不少人会说乌龟有两只小眼睛、短尾巴、四只脚,身子藏于甲壳之下。其实不对,乌龟的特征在于其背壳,四只脚两只小眼和短尾巴等这些都是其他许多爬行类动物的共同特征,而非乌龟所特有,因此乌龟背壳的硬度、形状、花纹才是观察的重点。

再如,我们观察一只公鸡,观察重点是什么呢?应该是重点观察鸡冠和羽毛颜色、大小,因为这是与母鸡相区别的特征。观察鸭子,重点自然应放在脚蹼和羽毛的不湿水性上,因为这是鸭子区别于鸡的重要特征。

个体差异法

所谓个体差异法,就是在对同类事物进行观察时,抓住其个体特征。例如,同样是军官,同样是被逼上梁山,而林冲和杨志却是截然不同的两种心态和性格,这就是他们的个体差异。

在实际观察中,我们面对的更多的是一个个体,这一个体除了具有同类事物的类别特征外,更重要的是具有其个体特征。因而,要使观察进一步深入、细致,具体事物具体分析,必然抓住事物的个体差异。

相传,欧洲大文豪福楼拜在向契诃夫介绍自己的写作经验时,

曾要求契诃夫走过每一个大门时，观察每一个守门人，并把他们记录下来，福楼拜说："我要你写每一个守门人，是让你找出这个守门人和其他所有守门人的不同点，他的面貌、他的眼神、他的动作都是他所独有的。我让你记录每一个守门人，要让别人能从所有守门人中一下子找出他来。"福楼拜的话道出了观察中"个体差异法"的实质内容。

中心单元法

所谓"中心单元法"，即围绕某一观察对象或内容开展一系列观察活动，以求完整、准确地把握和理解事物的现象和本质。

例如，观察种子发芽成苗的这一过程，围绕种子是怎样发芽的这一中心，设计出一系列的观察活动。比如什么时间种子长出根？什么时候张开瓣？叶子什么时候长出？颜色怎么样？每天需浇多少次水？

中心单元法贵在围绕"中心"坚持下去，否则无法获得对事物的完整印象和深入了解。

边缘视觉法

一个观察力不够准确的人，常常是只见树木，不见森林。相反，观察力准确性较高的人，既能把握事物的整体，又能敏感地观察到事物的细节。这一能力需要观察者具有较广泛的视觉范围，又有较高的视觉敏感度，为此，可进行边缘视觉法训练。

所谓的"边缘视觉"，就是先保持固定的目光聚焦，凝视正前方，同时又用眼观望四周，但不是以头的扭动或转向而带动目光去看，而是用眼睛的余光。

原来，在人的视敏度很高的中央视觉区外缘，还有一块很大的，相对来说尚未被充分利用的视觉区域，就叫做边缘视觉。而人的视网膜上，只有一小部分处于敏感的中央区，其余则都在边缘视觉地带。因此，对边缘视觉的开放和训练，可以大大提高视觉的感受力范围和感受性程度，对视察完整性和准确性训练大有帮助。

边缘视觉，非常具有开发价值，它能使观察者对自己感兴趣的事物特别敏感，而且也善于捕捉他人易忽视的细节或事物的某些特征。

比如，从杂乱无章的复杂环境中选认出自己所找或选认的事物，靠的就是边缘视觉。一个边缘视觉良好、观察敏感度高，又对汽车有浓厚兴趣的人能对身边飞驰而过的汽车准确地说出车名、车型及车的显著特征。

在进行边缘视觉训练时，要注意既看清事物整体，又要把视觉敏感的中央区对准需要进行细致观察的部分，要眼观六路耳听八方，又要抓住关键和要害，一目中的。

训练学生观察力的方法与步骤

观察是一种用心的行为，而非随随便便地"看"。观察一个楼梯，你可以算它的级数、高低，光是看的话，你可能只是记得它是一个楼梯。在初练观察力时，最好养成有意识的观察。针对一个平凡无常的事物，你应有意地细微地观察它所具有的特征，注意常人难以发现的地方。再有，通过对比也是训练观察力的好方法。例如：今天和昨天的窗户上的灰尘有什么变化、股市的变化并推测其未来趋势。观察，不仅要观察其内在本质，也要着重于发现事物的变化。总之，持有一颗观察的心并付诸实践，长此以往，便可以训练出潜意识的观察能力，即对于什么事物，都会习惯性地去观察。这是一种好习惯。下面是训练观察力的五个方法。

静视

首先，在你的房间里或屋外找一样东西，比如表、自来水笔、台灯、一张椅子或一棵花草，距离约60厘米，平视前方，自然眨眼，集中注意力注视这一件物体。默数60～90下，即1～1.5分钟，在默数的同时，要专心致志地仔细观察。闭上眼睛，努力在脑海中勾勒出该物体的形象，应尽可能地加以详细描述，最好用文字将其特征描述出来。然后重复细看一遍，如果有错，加以补充。

其次，你在训练熟练后，逐渐转到更复杂的物体上，观察周围事物的特征，然后闭眼回想。重复几次，直到每个细节都看到。可以

观察地平线、衣服的颜色、植物的形状、人们的姿势和动作、天空阴云的形状和颜色等。观察的要点是，不断改变目光的焦点，尽可能多地记住完整物体不同部分的特征，记得越多越好。在每一分钟练习之后，闭上眼睛，用心灵的眼睛全面地观察，然后睁开眼睛，对照实物，校正你心灵的印象，然后再闭再睁，直到完全相同为止。还可以在某一环境中关注一种形状或颜色，试着在周围其他地方找到它。

再次，建议你再去观察名画。必须把自己的描述与原物加以对照，力求做到描写精微、细致。在用名画作练习时，应通过形象思维激发自己的感情，由感受产生兴致，由兴致上升到心情。这样，不仅可以改善观察力、注意力，而且可以提高记忆力和创造力。因为在你制作新的心中的形象的过程中，你吸收使用了大量清晰的视觉信息，并且把它储藏在你的大脑中。

行视

以中等速度穿过你的房间、教室、办公室，或者绕着房间走一圈，迅速留意尽可能多的物体。回想，把你所看到的尽可能详细地说出来，最好写出来，然后对照补充。在日常生活中，眼睛像闪电一样看。可以在眨眼的功夫，即0.1～0.4秒之间，去看眼前的物品，然后回想其种类和位置；看马路上疾驶的汽车牌号，然后回想其字母、号码；看一张陌生的面孔，然后回想其特征；看路边的树、楼，然后回想其棵数、层数；看广告牌，然后回想其画面和文字。所谓"心明眼亮"，这样不仅可以有效锻炼视觉的灵敏度，锻炼视觉和大脑在瞬间强烈的注意力，而且可以使你从内到外更加聪慧。

抛视

取25块到30块大小适中的彩色圆球，或积木、跳棋子，其中红色、黄色、白色或其他颜色的各占三分之一。将它们完全混合在一起，放在盆里。用两手迅速抓起两把，然后放手，让它们同时从手中滚落到沙发上，或床上、桌面上、地上。当它们全部落下后，迅速看一眼这些落下的物体，然后转过身去，将每种颜色的数目凭记忆而不是猜测写下来，检查是否正确。重复这一练习10天，在第10天看看你的进步。

速视

取50张7厘米见方的纸片，每一张纸片上面都写上一个汉字或字母，字迹应清晰、工整，将有字的一面朝下，也可用扑克牌。取出10张，闭着眼使它们面朝上，尽量分散放在桌面上。现在睁眼，用极短的时间仔细看它们一眼。然后转过身，凭着你的记忆把所看到的字写下来。紧接着，用另10张纸片重复这一练习。每天这样练习3次，重复10天。在第10天注意一下你取得了多大进步。

统视

睁大你的眼睛，但不要过分以至于让你觉得不适。注意力完全集中，注视正前方，观察你视野中的所有物体，但眼珠不可以有一点的转动。坚持10秒钟后，回想所看到的东西，凭借你的记忆，将所能想起来的物体的名字写下来，不要凭借你已有的信息和猜测来作记录。重复10天，每天变换观察的位置和视野。在第10天看看你的进步。

学生观察力的锻炼游戏

如何将两种杯子分开

小强的妈妈是学校的化学老师。一天,小强来实验室等妈妈一起回家。等小强做完作业想出去玩时,妈妈马上将他喊住,给小强出了这样一道题目:"你看看桌子上现在放了6只做实验用的玻璃杯,前面的3只盛满了水,而后面的3只却是空的。你只许移动其中的1只玻璃杯,就把盛满水的杯子和空杯子间隔起来吗?"小强在班上是出了名的"小机灵鬼",他只想了一会儿,就做到了。

请您想一想:小强是怎样做到的?

答案:●●●○○○解释:(●代表盛满水的杯子;而○则代表空杯子)

将中间的●中的水倒入中间的○杯子中就可以了!

钱为什么会少

一个人由于下午要出差,就给他的儿子打电话,要求儿子买一些出差需要的东西。他告诉儿子,桌子上的信封里有钱。儿子找到了装钱的信封,上面写着98。于是儿子就拿着这些钱到超市买了90元钱的东西,当他准备付钱时发现,不仅信封里没剩下8块钱,反而不够90块,这是怎么回事呢?钱为什么会少?

答案：儿子把信封上数字看反了，其实信封上写的是86元，因此，儿子去买东西时钱不够，还少了4元。

测高楼的高度

某天，天气非常晴朗，一个人对另一个人说："这里有一盒卷尺，看到对面这幢大楼了吧，它的四周是宽广的平地。如果在不登高的情况下，怎样才能量出对面这幢大楼的高度？"另一个人听罢问题后，想了一会儿，又拿卷尺量了一番，最后得出了大楼的高度，聪明的你想到是怎么测的吗？

答案：仔细观察可以发现，在晴朗的天气，太阳可以照出影子，可以用卷尺将一个人的身高和身影量出，高层楼影也可以量出。然后用：人高／人影＝楼高／楼影这个式子计算出楼的高度。

区分图形

哪一张图不同于其他的图？从左往右、从上往下看。

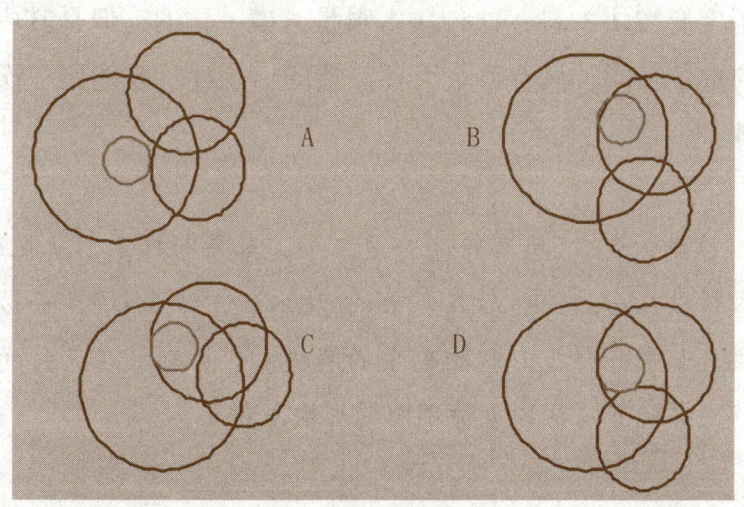

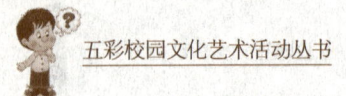

答案：A。

观察数字

仔细的观察一下1.2.3.4.5.6.7这七个数，如果不改变顺序，也不能重复，想一想用几个加号把这些数连起来，可使它们的和等于100？

答案：添加四个加号可以把这些数连起来，而且使他们的和等于100，即1 + 2 + 34 + 56 + 7 = 100。

切西瓜

一个人拿刀将一个西瓜切了4刀，西瓜被切成了9块，可是，当西瓜被吃过完后，发现西瓜皮多了一块，于是他又查了一遍，还是10块西瓜皮，请问这个人是怎么切西瓜的？

答案：这个人以"井"字型将西瓜切了4刀。

天秤称木料

桌子上有12块木料，这12块木料是一模一样的，但是其中有一个和其它的重量不同，只有一个天秤。请问：怎样称才能用三次就找到那块木料。

答案：先拿6块木料，一边三个，如果一样重，就把这6块木料放在一边，然后在剩余的6块木料中拿出4块，一边放两块，如果一样重，就把剩余的两块木料分别放在天秤的两边，这样就可以找到重量不同的那块木料了。

测测你的观察力

在图一中的13块图形中，去掉一块可以组成图二的船型，应该去掉那一块？

答案：第12块是多余的。

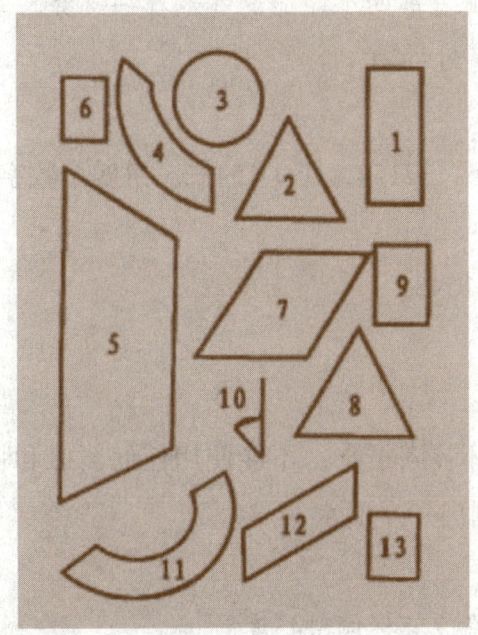

刻字单价

有一个先生以刻字为生。有一次，一位顾客来问他刻字的价格，

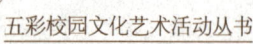

他说道:"刻'隶书'4角;刻'新宋体'6角;刻'你的名字'8角;刻'你爱人的名字'12元。这位顾客听罢,笑了笑,你能猜到这个刻字先生刻字的单价吗?

答案:2角/字。

货车过桥洞

有一辆装满货物的大货车要过一个桥洞,可是货车上的物品装的太多了,顶部高出了桥洞1cm,怎么也过不去。有什么办法能让这个货车顺利地通过桥洞呢?

答案:把货车四个轮胎的气放掉一部分,车的高度就会下降,就能通过桥洞。

观察数字

54321,43215,32154,( )15432。第四个数字是多少?

答案:21543。

倒水

有一个玻璃杯装满了水,不能使用任何器皿和量具,往外倒水的时候怎样能刚好倒出一半的水?

答案:将玻璃杯倾斜45度。

观察字母

观察B、C、D、P、X这几个字母,你觉得哪一个字母与其它字母不同？

答案：X，因为X没有弧形。

黑白珠子
黑白珠子共有2000个，按照下面的规律排列：○●●●●○●●●●○●●●●○……第1995颗珠子是什么颜色？

答案：黑色。

分辨金球和铅球
有两个大小及重量都相同的空心球，但是，这两个球的材料是不同的，一个是金，一个是铅。这两个球的表面涂了一模一样的油漆，现在要求在不破坏表面油漆的条件下用简易方法指出哪个是金的，哪个是铅的。你能分辨出来吗？

答案：用一样的力度在地上对两球进行旋转，两球重心到内壁中心距离不同，速度不同，旋转速度快的是金球。

分辨硬币
现在桌子上面放了25枚硬币，其中有10枚硬币是正面朝上。如果别人蒙住你的眼睛，而且你的手也摸不出硬币的反正面。你用什么方法能将硬币分成两堆，而且这两堆硬币正面朝上的个数相同。

答案：查15个硬币放在一堆，再查10个硬币放在一堆。然后将10个硬币全部翻面就行了，其实就是取补数。

改变方向

爸爸用火柴组成一个奔驰中的火车头的形状,正由右向左驶来。他问小钢:"你能只移动4根火柴,而使火车头改变方向,改为由左向右开吗?"小钢思考再三,想不出办法。

你能想出什么好办法吗?

答案:

巧排队列

一个班级有24个人,有一次,为了安排一个节目,必须把全班学生排成6列,要求每5个人为一列,那么该怎么排呢?

答案：排成六角形。提到排列，人们总是想到横排或者竖排，但5人为一列，排成6列，24个人是不够的。所以排列时必须要考虑有的人要兼任两个队列的数目，这样排列时，那就要考虑六角形了。

改错

用火柴棒列成 1＋2＋3＝4的算式。请你移动1根火柴棒，将算式改正。

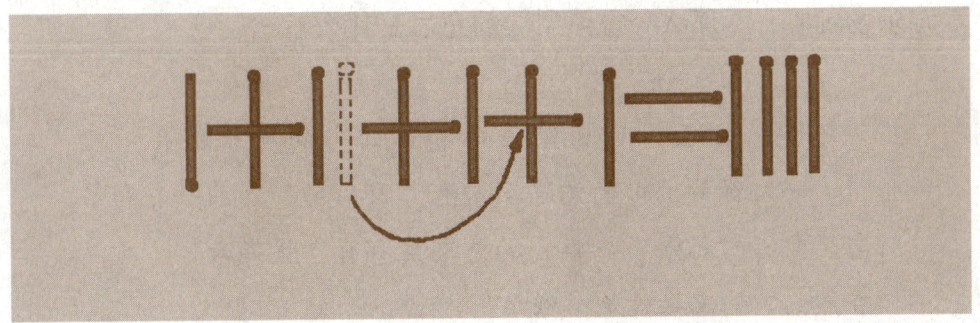

答案：

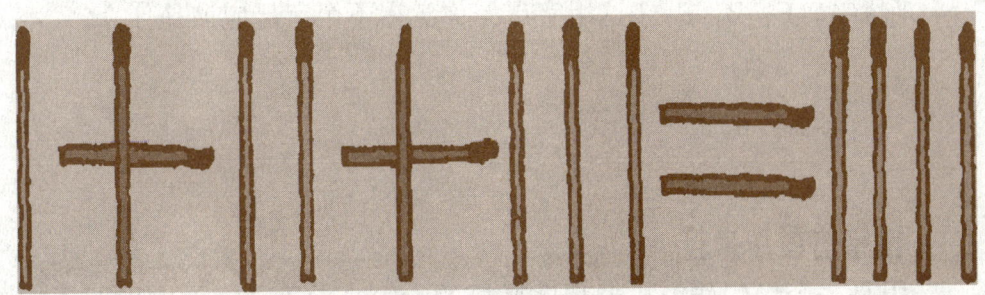

观察数字

观察3.3.8.8这一组数字，不改变数字顺利，加入运算符号，将这

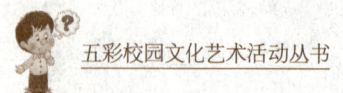

些数字组成一个算式,使结果等于27。

答案:(3+3÷8)×8=27

密码游戏

有两个小伙伴一起玩游戏,甲让乙看了一下卡片,卡片上写着"桔子橙子香蕉梨",意思是"星期六游乐场碰面"而另一张卡片上写着"橙子李子猕猴桃",意思是"我们游乐场玩耍"然后又让他看了一下最后一张卡片,上面写着"栗子桔子火龙果",意思是"星期六游乐场玩耍",那么"香蕉梨"的意思是什么?

答案:碰面。因为第一句和第二句的原意都有"橙子",而解释的两句的意思里都有"游乐场",第一句和第三句里都有"桔子",解释的意思里都有"星期六",所以"香蕉梨"的意思就是"碰面"。

填后续

观察A,E,B,F,C这组字母,你觉得下个字母应该是什么?

答案:G。

出错的程序操控

甲是一个专门研究机器程序操控的专家,前不久,他刚发明了一个可以在简单程序操控下穿过马路(不是单行线)的机器人Exruel。一日,他命令Exruel去马路对面,并给他输入了"25m内是否有车辆"以防Exruel能安全过马路。可谁知,Exruel在穿越马路过程中竟花了将近6

个小时,这时候,甲才意识到他在给Exruel输入程序时犯了一个严重的错误。

请问:甲究竟是哪里出错了呢?

答案:因为甲在给Exruel输入程序时,把"25m内是否有车辆"弄错了,若是车辆没有行驶却在Exruel前方停放,这就会使Exruel望而却步了。所以甲应该把程序改为"25m内是否有正在行驶的车辆"即可。

下一行数字是多少

你能继续写下去吗?

3

13

1113

3113

132113

1113122113

观察这些数字,你能写出下一行数字吗?

答案:这些数字是有规律的,下一行是对上一行数字的读法。第一行3,第二行读第一行,1个3,所以13。第三行读第二行,1个1,1个3,所以1113。第四行读第三行,3个1,1个3,所以3113。第五行读第四行,1个3,2个1,1个3,所以132113。第六行读第五行,1个1,1个3,1个2,2个1,1个3,所以1113122113。第七行读第六行,3个1,1个3,1个1,2个2,2个1,1个3,所以下一行数字是

311311222113。

改正算式

右边是用火柴棒排列成 10+1-3=1+9 的算式。但是,这个算式是不能成立的。现在要改正它,最少要移动多少根火柴棒呢?

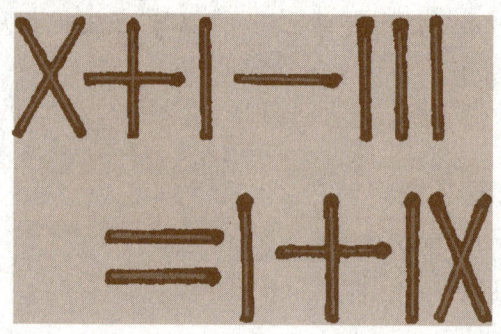

答案:像右图所示的那样移动1根火柴棒,算式变成10+1=3-1+9,等式就成立了。

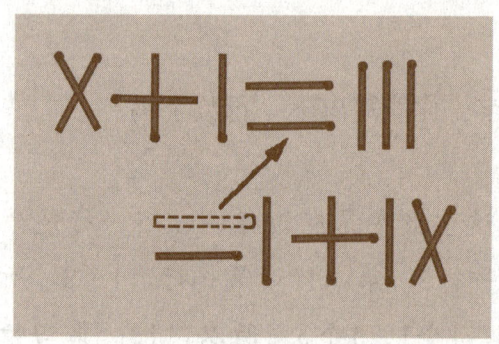

阿凡提的旅行路程

阿凡提在家里呆烦了,他决定到外面去游玩游玩。于是阿凡提骑上他的那只毛驴出发了。阿凡提的旅游目的地是长城。

阿凡提骑着毛驴走了一半的路程时，他就在毛驴上睡了起来。当他醒来的时候，发现剩下的路程只是在他睡觉时走过路程的1／4。他眯了一下眼睛就知道了在他睡觉的时候毛驴走过了全程几分之几的路程。亲爱的读者，你知道吗？

答案：3／8。

米老鼠给唐老鸭出题目

米老鼠和唐老鸭是邻居也是好朋友。但是唐老鸭总是不服气米老鼠比它聪明，唐老鸭总是缠着要和米老鼠比试智力。米老鼠于是出了一个题目给唐老鸭算，如果算出来了，米老鼠才甘拜下风。

题目是：有一群大雁，1只在前，4只在后；1只在后，4只在前；1只在左，4只在右；1只在右，4只在左；1只在2只中间，3只排成一行，共排了2行。问这样大雁有多少只？队形是怎样排的？

唐老鸭被米老鼠这个题目气得嘎嘎大叫。你帮帮唐老鸭吧！

答案：5只大雁，队形是十字形的。

NO3. 学生注意力锻炼指导

注意力的定义与特点

定义

注意力是指人的心理活动指向和集中于某种事物的能力。"注意",是一个古老而又永恒的话题。俄罗斯教育家乌申斯基曾精辟地指出:"'注意'是我们心灵的惟一门户,意识中的一切,必然都要经过它才能进来。"注意是指人的心理活动对外界一定事物的指向和集中。具有注意的能力称为注意力。

注意从始至终贯穿于整个心理过程,只有先注意到一定事物,才可能进一步去集训、记忆和思考等。

注意属心理学的范畴,是指人的心理活动对一定对象的指向和集中。指向和集中是注意的基本特点。注意力就是把自己的感知和思维等心理活动指向和集中于某一事物的能力。感知是感觉和知觉的统称;思维是人脑对客观事物间接的和概括的反映,它反映事物的本质和规律。

指向性是心理活动对活动对象的选择。客观事物并不都能被主体清晰认识,人们在每一活动瞬间都能依赖意识和需要选择某个特定的对象而离开另一些对象。因此,注意的对象又叫做被主体选择的客体;注意的背景是其他没有被选择的客体;选择的范围是一个或几个互有关系的对象。

集中性是心理活动不仅离开一切无关事物,而且抑制了无关活动，使选择的对象维持在相对的时间内，保证对对象的清晰反映。如全神贯注、聚精会神、专心致志、一心一意等。由于高度集中注意，心理紧张度极高，如医生做手术、电脑上机，注意范围缩小，有时达到"视而不见、听而不闻"的境界。指向性和集中性密不可分，是保证心理活动顺利开展并继续维持下去的前提条件。

特点

1.注意的范围

指在一瞬间能够清晰地把握多少对象，如有人逐字逐句地阅读，有人则能一目十行，这种差异和人的实践、知识经验有关。足球运动员的注意只盯在腾空的足球上，才能踢出符合战术要求的球来战胜对手！

2.注意的稳定性

指在较长时间，注意保持在一定对象上，这是注意的时间特征。

3.注意的分配

指在同一时间内将注意分配到不同对象上去，即一心多用。如演奏乐器都是右手奏主旋律，左手伴奏还要相互配合。各种技能越熟练注意也越容易分配到更多的活动上去。

4.注意的转移

指人能够根据任务、要求及时地将注意由一个对象转移到另一个对象上去。青少年在学校里较好地完成学习任务是因为他们能根据课表安排有计划地组织注意的转移及时稳定在新的科目上。不然的话很难顺利、高质量地完成任务。

5.注意的紧张度

指心理活动对某事物的高度集中，表现出强度上的特点。越是紧张注意的范围也越小，紧张持续的时间越长容易引起疲劳，影响活动的效果。

学生注意力的提高与训练

提高注意力的方法

注意力就是注意的能力。所谓"注意"是指心理活动对一定对象的指向和集中。指向性是指心理活动对客观事物的选择。举个简单的例子：机械照相机摄影时，取景框内有很多景物，根据需要拍摄时，则是取近，远不实；取远，近就虚。所谓"逐鹿者不见山"，也是这个道理。集中性是指人的心理活动在特定方向上的保持和深入，直到达到目的为止。

注意能力的差异是客观存在的，但也可以通过生活实践的锻炼而得到改善。怎样提高"注意力"呢？

1.明确目的任务

对学习的目的、任务有清晰的了解时，就会提高自觉性，增强责任感，集中注意力。即使注意力有时涣散，也会及时引起自我警觉，把分散的注意力量收拢回来。

2.克服内外干扰

克服内部干扰，除了要避免用脑疲劳，保证充足的睡眠外，还要积极参加体育活动，把自己调整到最佳状态；克服外部干扰，除了尽量避开影响注意的外界刺激外（如课上收起与上课无关的报刊杂志，在家写作业时关掉收录机或电视等），还应适当地有意锻炼自制力,培养"闹中求静"的心态，使注意力能高度集中和稳定。

3.养成注意习惯

学习过程中,要会"自我提问"。为求答案,积极思考,保持高度注意,出现"走神儿"时,要会"自我暗示",保持注意的稳定。学习临结束时,更要使注意保持紧张状态,决不能虎头蛇尾。俗话说"习惯成自然",以养成良好的注意习惯入手,是全面提高注意力的捷径。

保持良好的注意力,是大脑进行感知、记忆、思维等认识活动的基本条件。在我们的学习过程中,注意力是打开我们心灵的门户,而且是唯一的门户。门开得越大,我们学到的东西就越多。而一旦注意力涣散了或无法集中,心灵的门户就关闭了,一切有用的知识信息都无法进入。正因为如此,法国生物学家乔治·居维叶说:"天才,首先是注意力。"

集中注意力的训练

注意力的集中作为一种特殊的素质和能力,需要我们通过训练来获得。那么,训练自己注意力、提高自己专心致志素质的方法都有哪些呢?

1.运用积极目标的力量

这种方法的含义是什么?就是当你给自己设定了一个要自觉提高自己注意力和专心能力的目标时,你就会发现,你在非常短的时间内,集中注意力这种能力有了迅速的发展和变化。

同学们要在训练中完成这个进步。要有一个目标,就是从现在开始我比过去善于集中注意力。不论做任何事情,一旦进入,能够迅速地不受干扰,这是非常重要的。比如,你今天如果对自己有这个要求,我要在高度注意力集中的情况下,将这一讲的内容基本上一次都记忆下来。当你有了这样一个训练目标时,你的注意力本身就会高度集中,你就会排除干扰。

同学们知道，在军事上把兵力漫无目的地分散开，被敌人各个围歼，是败军之将。这与我们在学习、工作和事业中一样，将自己的精力漫无目标地散漫一片，永远是一个失败的人物。学会在需要的任何时候将自己的力量集中起来，注意力集中起来，这是一个成功者的天才品质。培养这种品质的第一个方法，是要有这样的目标。

2.培养对专心素质的兴趣

有了这种兴趣，你们就会给自己设置很多训练的科目，训练的方式，训练的手段。你们就会在很短的时间内，甚至完全有可能通过一个暑期的自我训练，发现自己和书上所赞扬的那些大科学家、大思想家、大文学家、大政治家、大军事家一样，有了令人称赞的注意力集中的能力。

同学们在休息和玩耍中可以散漫自在，一旦开始做一件事情，如何迅速集中自己的注意力，这是一个才能。就像一个军事家迅速集中自己的兵力，在一个点上歼灭敌人，这是军事天才。我们知道，在军事上，要集中自己的兵力而不被敌人觉察，要战胜各种空间、地理、时间的困难，要战胜军队的疲劳状态，要调动方方面面的因素，需要各种集中兵力的具体手段。同学们集中自己的精力，注意力，也要掌握各种各样的手段。这些都值得探讨，是很有兴趣的事情。

3.要有对专心素质的自信

千万不要受自己和他人的不良暗示。有的家长从小就这样说孩子：我的孩子注意力不集中。在很多场合都听到家长说：我的孩子上课时精力不集中。有的同学自己可能也这样认为。不要这样认为，因为这种状态可以改变。

如果你现在比较善于集中注意力，那么，肯定那些天才的科学家、思想家、事业家、艺术家在这方面还有值得你学习的地方，你还有不及他们的差距，你就要想办法超过他们。

对于绝大多数同学，只要你有这个自信心，相信自己可以具备迅速提高注意力集中的能力，能够掌握专心这样一种方法，你就能具备这种素质。我们都是正常人、健康人，只要我们下定决心，不受干扰，排除干扰，我们肯定可以做到高度的注意力集中。希望同学们对自己实行训练。经过这样的训练，能够发生一个飞跃。

4.善于排除外界干扰

要在排除干扰中训练排除干扰的能力。毛泽东在年轻的时候为了训练自己注意力集中的能力，曾经给自己立下这样一个训练科目，到城门洞里、车水马龙之处读书。为了什么？就是为了训练自己的抗干扰能力。同学们一定知道，一些优秀的军事家在炮火连天的情况下，依然能够非常沉静地、注意力高度集中地在指挥中心判断战略战术的选择和取向。生死的危险就悬在头上，可是还要能够排除这种威胁对你的干扰，来判断军事上如何部署。这种抗拒环境干扰的能力，需要训练。

我在你们这么大的年纪时曾有意做过这种训练。就是不管环境多么嘈杂，当我进入我要阅读和学习的科目时，对周围的一切因素置若罔闻。这是可以训练成功的。

5.善于排除内心的干扰

在这里要排除的不是环境的干扰，而是内心的干扰。环境可能很安静，在课堂上，周围的同学都坐得很好，但是，自己内心可能有一种骚动，有一种干扰自己的情绪活动，有一种与这个学习不相关的兴奋。对各种各样的情绪活动，要善于将它们放下来，予以排除。这时候，同学们要学会将自己的身体坐端正，将身体放松下来，将整个面部表情放松下来，也就是将内心各种情绪的干扰随同这个身体的放松都放到一边。常常内心的干扰比环境的干扰更严重。

同学们可以想一下，在课堂上，为什么有的同学能够始终注意

力集中呢？为什么有的同学注意力不能集中呢？除了有没有学习的目标、兴趣和自信之外，还有一个就是善于不善于排除自己内心的干扰。有的时候并不是周围的同学在骚扰你，而是你自己心头有各种各样浮光掠影的东西。要去除它们，这个能力是要训练的。如果你就是想浑浑噩噩、糊糊涂涂、庸庸俗俗过一生，乃至到了三十岁还要靠父母养活，或者你就是想混世一生，那你可以不训练这个。但是，如果你确实想做一个自己也很满意的现代人，就要具备这种事到临头能够集中自己注意力的素质和能力，善于在各种环境中不但能够排除环境的干扰，同时能够排除自己内心的干扰。

6.节奏分明的处理学习与休息的关系

同学们千万不要这样学习：我这一天就是复习功课，然后，从早晨开始就好像在复习功课，书一直在手边，但是效率很低，同时一会儿干干这个，一会儿干干那个。十二个小时就这样过去了，休息也没有休息好，玩也没玩好，学习也没有什么成效。或者，你一大早到公园念外语，坐了一个小时或两个小时，散散漫漫，说念也念了，说不念也跟没念差不多，没有记住多少东西。这叫学习和休息、劳和逸的节奏不分明。

正确的态度是要分明。那就是我从现在开始，集中一小时的精力，比如背诵80个英语单词，看我能不能背诵下来。高度地集中注意力，尝试着一定把这些单词记下来。学习完了，再休息，再玩耍。当需要再次进入学习的时候，又能高度集中注意力。这叫张弛有度。一定要训练这个能力。

永远不要熬时间，永远不要折磨自己。一定要善于在短时间内一下把注意力集中，高效率地学习。要这样训练自己：安静的时候，像一棵树；行动的时候，像闪电雷鸣；休息的时候，像流水一样散漫；学习的时候，像军事上实施进攻一样集中优势兵力。这样的训练才能使自己越来越具备注意力集中的能力。

7.空间清静

这个方法，非常简单，当你在家中复习功课或学习时，要将书桌上与你此时学习内容无关的其他书籍、物品全部清走。在你的视野中，只有你现在要学习的科目。这种空间上的处理，是你训练自己注意力集中的最初阶段的一个必要手段。同学们常常会发现这样生动的场面：你坐在桌子前，想学数学了，这儿有一张报纸，本来是垫在书底下的，上面有些新闻，你止不住就看了，看了半天，才知道我是来学数学的。一张报纸就把你牵走了。或者本来你是要学习的，桌子一角的小电视还开着呢，看着看着，从数学王国出去了，到了张学友那儿了。这是完全可能的。甚至可能是一个小纸片，上面写着什么字，看着看着又想起一件事情。

所以，作为训练自己注意力的最初阶段，做一件事情之前，首先要清除书桌上全部无关的东西。然后，使自己迅速进入主题。如果你能够做到一分钟之内没有杂念，进入主题，你就了不起。如果你半分钟就能进入主题，就更了不起。如果你一坐在那里，十秒、五秒，当下就进入，那就是天才，那就是效率。有的人说，自己复习功课用了四个小时，其实那四个小时大多数在散漫中、低效率中度过，没有用。反之，你开始学习，一坐在那里，与此无关的全部内容置之脑外，这就是高效率。

8.清理大脑

收拾书桌是为了用视野中的清理集中自己的注意力，那么，你同时也可以清理自己的大脑。你经常收拾书桌，慢慢就会有一个形象的类比，觉得自己的大脑也像一个书桌一样。

大脑是一个屏幕，那里面也堆放着很多东西，一上来，将在自己心头此时此刻浮光掠影活动的各种无关的情绪、思绪和信息收掉，在大脑中就留下你现在要进行的科目，就像收拾你的桌子一样。

同学们，这样的训练希望你们从今天开始就要做，它并不困难。当你将思想中的所有杂念都去除的时候，一瞬间你就进入了专一的主题，你的大脑就充分调动起来，你才有才智，你才有发明，你才有创造，你才有观察的能力、记忆的能力、逻辑推理的能力和想象的能力。如果不是这样，你坐在那里，十分钟之内脑袋瓜里还是车水马龙，还是风马牛不相及，还是天南海北，那么这十分钟是被浪费掉的。再有十分钟，不是车水马龙了，但依然是熙熙攘攘的街道，又十分钟过去了。到最后学习开始了，难免三心二意，效率很低。这种状态我们以后不能再要了，要善于迅速进入自己专心的主题。

9.对感官的全部训练

我们讲了清理自己的书桌，其实更广义说，我们可以进行视觉、听觉、感觉方方面面的类似训练。同学们可以训练自己在视觉中一个时间内盯视一个目标，而不被其他的图像所转移。你们可以训练在一段时间内虽然有万千种声音，但是你们集中聆听一种声音。你们也可以在整个世界中只感觉太阳的存在或者只感觉月亮的存在，或者只感觉周围空气的温度。这种感觉上的专心训练是进行注意力训练的有用的技术手段。

10.不在难点上停留

同学们都会意识到，我们理解的事物、有兴趣的事物，当我们去探究它、观察它时，就比较容易集中注意力。比如说我喜欢数学，数学课就比较容易集中注意力，因为我理解，又比较有兴趣。反之，因为我不太喜欢化学，缺乏兴趣，对老师讲的课又缺乏足够的理解，就有可能注意力分散。

在这种情况下，我们就有了正反两个方面的对策。正的对策是，我们要利用自己的理解力、利用自己的兴趣集中自己的注意力。而对那些自己还缺乏理解、缺乏兴趣的事物，当我们必须研究它、学习它时，这就是一个特别艰难的训练了。

　　首先，同学们听老师讲课的过程中，出现任何不理解的环节，你不要在这个环节上停留。这一点不懂，没关系，接着听老师往下讲课。你在研究一个事物的时候，这个问题你不太理解，不要紧，你接着往下研究。你读一本书的时候，这个点不太理解，你做了努力还不太理解，没关系，放下来，接着往下阅读。千万不要被前几页的难点挡住，对整本书望而却步。实际上，在你往下阅读的过程中可能会发现，后边大部分内容你都能理解。前边这几页你所谓不理解的东西，你慢慢也会理解。

　　如果你对这些内容还缺乏兴趣，而你有必要去研究和学习它，那么，你就要这样想，兴趣是在学习、掌握和实践的过程中逐步培养的。

学生保持注意力的方法

保持注意力的习惯能使你的学习和工作更有条理，如果你有定力地全神贯注投入学习或工作几个小时，一定会比不断分心的学习和工作一天取得更多的成果。那么，怎样才能保持注意力的集中呢？

杜绝干扰

在学习和工作中，周围的干扰足以让你在学习和工作中心神不宁。如喧嚷的环境，手机铃声等等都是随时打断你学习工作的干扰源，你需要杜绝它们。一般进入专注状态需要15分钟时间，如果每5分钟就要被打断一次，你又如何能够聚精会神？所以，专门划出时间来学习或工作，拔掉你的网线或者关掉通讯软件，告诉别人请勿打搅。

安排合适的工作场合

环境对你能否专注学习和工作有很大的影响。

明确目标和弄清任务要求：在学习和工作开始前应该清楚目标和要求，如果你连学习的目标或工作需要完成什么、需要达到什么要求都不知道，其后果是可以想像的。

理出头绪

清空你的大脑，脑中堆着一大摞任务只会让你难以全神贯注。在工作开始前，明确目标的同时，也花上几分钟为所有零碎的任务理出头绪分清秩序，否则你只会浪费时间去处理所有这些任务带来的混乱和冲突了。

指定时限

限时完成任务对于专注度的影响有好有坏。一个存在于意识中的时限能使你忘记琐碎的小事从而提升你的速度。时限也会令你陷入无法按时完成任务的焦虑而难以专心于手头实际的工作，所以建议只在这些情况下为自己设定时限。

任务时间有限

如果你需要在一天内完成一个可能花费几周时间的工作，就该为任务划分成块，分别设定时限，如此才能保证在短时间内完成任务的重要部分。

当你遇上那些非常容易扩展延伸的任务，如果你的任务很容易延伸扩展出其他的要求并不断产生子任务，时限可以使你更好地控制进度而不至于东奔西走陷入混乱。

避免拖延和耽搁

当你担心自己的困怠是否会耽误任务进度时，设定一个时限就是为自己安排了一个监工。

清除障碍

学习或工作中遇到棘手的问题，当你思路受阻时必定会心烦意乱难以专注。这时你就需要清除障碍，使你依然集中精神。

隔离自己

除非需要合作，那么就在学习时做个隐士，在闹哄哄的学习环境中隔离自己，构筑一个私人空间，直到学习完成再去与人闲聊攀谈。构建这样的环境才能使你更好地完成你的任务。

健康能够驱动头脑飞转

身体状况决定了专注程度。没人会指望一个醉醺醺的家伙能百分百地投入工作。长期睡眠不足；过度使用兴奋药物（比如咖啡因）；酗饮浓食；摄入过多能量，这些都会影响你集中注意的能力。

学生注意力的锻炼游戏

从1加到100

张蓉刚被分配到一所小学当老师,大学时她学的是数学专业,所以任教后自然也是数学科目。由于她对所代班级的学生们还不了解,所以想了一个智力题来考考她的学生,看看谁更聪明一些。

刚上课,张蓉就出了一道从1加到100的累加题。同学们听完后,个个都拿纸和笔开始算,这时,盼盼突然站起来说:"老师,答案是5050"。当同学们经过仔细验算后,得到的答案的确都是5050,不禁向盼盼投去了惊讶的目光。张蓉让盼盼把他的计算方法给大家分析一下,当他分析完后,张蓉和同学们都夸他聪明。

你知道盼盼是用哪种解法解这道题的吗?

答案:按1+100=101,2+99=101,3+98=101;……50+51=101的思路算,当然可以又快又准确的得出正确答案就是5050了。

应该怎样连

下面这张图里有8种小动物。请你将相同的两个小动物用线连起来,共需画8条线,但是相连的线不许交叉。请你想想,应该怎样连?

答案：连法如图：

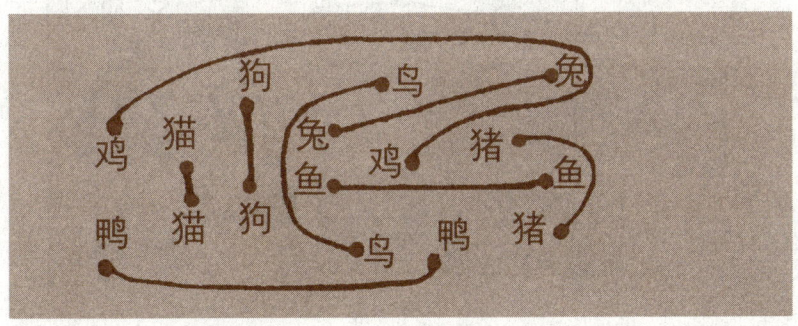

失足了的十文钱

很早以前，曾有三个穷书生上京赶考，途中要投宿一家客栈，而这家客栈的房价是每间450文，由于没有太多钱去支付，所以三人就决定合住一间房，于是，每人给老板支付了150文钱。后来，老板见三人可怜，就又优惠了50文，就让店里的伙计送给了三个人。

伙计心想：三个人分50文钱怎样分呢？于是伙计拿走了20文，并将剩余的30文钱还给了三个书生。问题是：每个秀才实际上各支付了140文，合计420文。加上店小二私吞的20文，等于440文。但是，还有10文钱哪去了呢？

答案：钱并没有丢，仅是计算方法的错误。店小二拿去的20文钱就是三个秀才总共支付的440文钱中的一部分。440文减去20文等于420文，正好是旅店入帐的金额。再加上退回的30文钱，正好是450文，这才是三人刚开始所支付的钱数。

怎样分和拼

玲玲说她可以把这个图形先分成8块（每块的形状和大小不但要完全相同，而且里面还都要留着一个小星星），然后再把分得的部分拼

成两个正方形的框子。想想看，她是怎样分的？怎样拼的？

答案：分法如图1。拼法如图2。

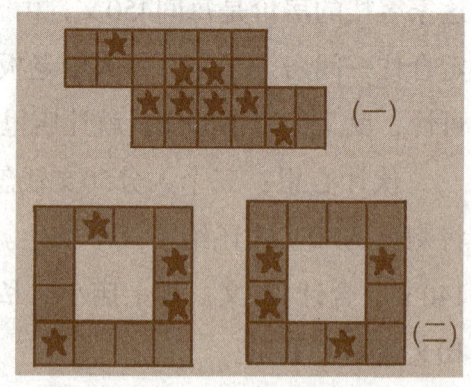

（一）

（二）

改一改

小明非常的马虎，有一天他在写作业时，把两个数写颠倒了。但老师看后，却对小明说只要把其中一个数稍做改动，这个式子就成立了，你知道怎么改吗？

答案：把102改成10的2次方。

用多长时间

一只小蚂蚁贪玩迷了路，它很着急，怎么找也找不回去。此时，旁边正好过来一只毛毛虫，于是小蚂蚁上前问毛毛，从这里回它的家要怎么走。毛毛告诉它，如果绕过这堵墙要走很远的路，最好还是翻墙过去。

听了毛毛虫的话，小蚂蚁决定翻墙回家，而这面墙有20米高。如果小蚂蚁只在白天行动，而且一天只爬3米，而晚上它要睡觉，这样又会下滑2米。如果小蚂蚁就依这种速度从一边的墙脚出发，需要几天的时间才能翻到墙的另一边回家呢？

答案：18天。当小蚂蚁爬到第17天时就会爬到17米处；第二天，就会爬到墙头上，这样就不会再下滑了，然后直接跳下去就可以回家了。

使梯形倒转过来

用23根火柴排成一个由12个全等三角形组成的梯形（如右上图），如何移动最少的根数，使图中的梯形倒转过来？

答案：如右下图。

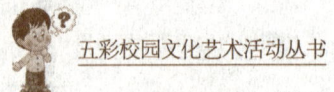

五彩校园文化艺术活动丛书

得与失

一天下午，珠宝店进来一位贵太太，当她把珠宝店中的珠宝全部看了一遍后，终于决定要买一颗价值为800元的乳白色珍珠。付钱时，她给了老板一张1000元的支票，因为老板此时找不开钱，只好到对面的大商店中去换钱。等他兑换回来后，这位太太把200元拿上就走了。

到了晚上珠宝店老板计算今天的利润时，对面大商店老板来找他，因为发现今天他拿的那张支票是空头支票，珠宝店老板无奈之下，赔给了商店老板1000元钱。现在，你知道珠宝店老板在这笔生意上是赚了还是赔了，如果赔了他赔了多少呢？

答案：赔了。一般人可能会说他损失了800元的珍珠，找给客服的200元，与赔给商店老板的1000元钱，一共是2000元。其实，他只赔了1000元；当他拿那张空头支票换取了1000元现金时，是净利润，又付出了800元的珍珠与200元的现金这样算下来正好利润为0；只有赔给商店老板的1000元才是他真正付出的。所以他只赔了被顾客骗走的1000元财物。

左右相等

大家试着在下面的三道算式里分别填上合适的运算符号，使等式成立。

① 2 3 4 5 6 7 1=51
② 5 6 7 1 2 3 4=51
③ 6 7 1 2 3 4 5=51

答案：① 2+3×4+5×6+7×1=51

②5+6×7+1+2-3+4=51

③6×7+1+2-3+4+5=51。

兄弟俩的年龄

有一天,小伟对哥哥大伟说道:"哥哥,等我长到像你这么大的年龄时,你就已经31岁。"哥哥大伟说道:"是啊,我像你这么大的时候,你还是个婴儿呢,只有1岁。"

请问:小伟和大伟各自都是几岁呢?聪明的你猜的出来吗?

答案:大伟21岁,小伟11岁。

秦和苏的唱和诗

秦少游和苏东坡兄妹曾用叠字回文诗彼此唱和,以通款曲。他们在一首七绝里只写14个字,让首句之尾和次句之头重叠,乍看上去,

转	静	思
漏		伊
闻		久
时		阻
离		归
别	忆	期

(一)

玉	采	莲
漱		人
声		在
歌		绿
新		杨
阙	一	津

(二)

不堪卒读,细加玩味,则一首好诗跃然而出。一天,秦少游想起妻子苏小妹,命人送上一诗《静夜思》(如图一)。诗到之时,苏小妹正与东坡同游西湖。接到诗后,苏小妹当场即兴仿其体咏《采莲歌》一首(图二)。想想看,这两首回文诗应该怎样读?

答案:"园中花,化为灰",即"花"字去"化"剩"朴";"夕阳一点已西坠"即"夕"字去点成"夕";"相思泪,心已醉,"即"思"字未"心";"空听马蹄归",马有四蹄,即"灬";"秋日残红萤火飞","火"飞去了,还有"禾"。所以,这个字是"蘇"(苏的繁体字),即女家姓苏。

读了多少页书

9月1日,琳琳升到三年级了,从开学开始她每天除了老师布置的作业外,她的妈妈为了让她养成看书的好习惯,另外还让她每天读10页课外书。可9月5日那天,琳琳去了奶奶那里住,因为奶奶家里没有书看,那一天,琳琳也破例没有看课外书。

那到现在你能知道,从9月1日后的第9天,琳琳读了多少页书吗?

答案:10页。因为她每天只读10页就可以了,只有9月5日那天除外,之后的日子无论是哪一天当然还是一天读10页。

哪两个相同

在下面5个直流电路图中,其中E为电池,R1、R2、R3.R4为4个不相等的电阻,请你分析一下,哪两个电路是相同的。

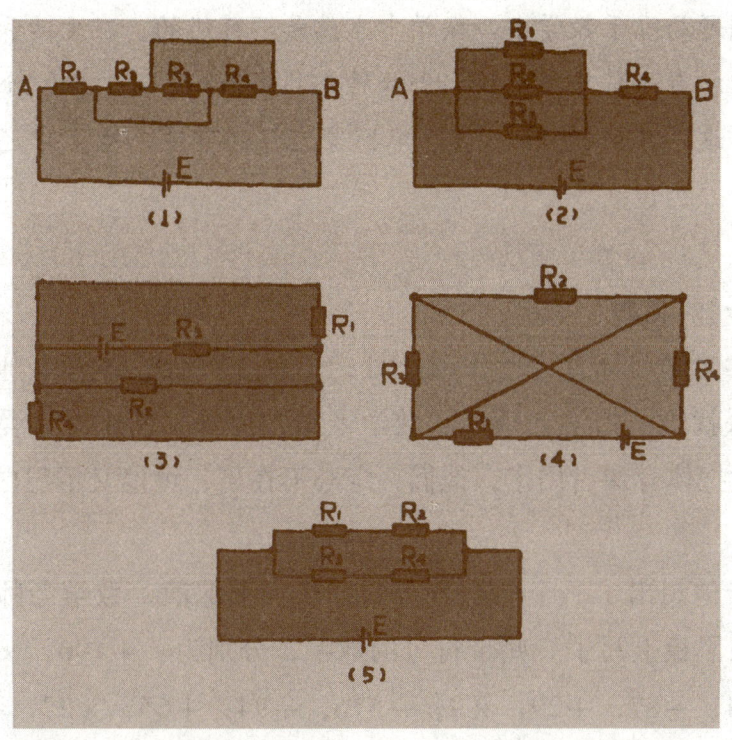

答案：图1和图4是相同，它们可以画成一个相同的电路图。

神奇的数字

曾经有一位老师，无意间发现了一道题，经过仔细分析后终于得到了答案。第二天上课，他就给学生们出了昨天他发现的那道题：8-6=2这谁也知道，如果要使8加6也等于2，同学们请证明一下。当时，同学们都以为老师是在开玩笑呢，因为8加6怎么也不可能等于2。

这个时候只有一个同学站起来说可以，并且说明了他的证明方法，当老师听完他的回答后，满意的点了点头。你知道这名学生是怎么证明的吗？

答案：因为是数学老师提出的问题，所以大部分学生都

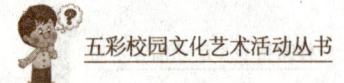

把问题局限于数学中,数学中当然是不可能的。在生活和自然中就有这种可能出现,例如钟表的上午8点与之前的6个小时,这不正好就是凌晨2点嘛!像这样的算法,生活中还有很多。

等于1的趣题

数学老师与体育老师平时相处的不错。今天,体育老师正好有事,把课就给了数学老师代。数学老师知道学生们正处在爱玩的阶段,这次把体育课占用了,他们一定心不在焉,可他又不想白白浪费掉时间。

终于他想出了一个两全齐美的办法。上课前,数学老师就进了教室,在黑板上写了一些带符号的数字,分别为:+190,×12,−999,×4,−87,+29,×9,−576,−94,+65,×22,−435,×7,×8,+19,+117;刚上课,他就和学生们说,如果谁可以从这些代符号的数字中选5个进行运算,使答案为1,并说明是按什么顺序运算的,就可以出去自由活动了。

如果你是其中的学生,要怎样做才可以出去自由活动呢?

答案:选:+29,×7,−94,×4,−435按(29×7−94)×4−435=1

如何分酒

一个人晚上出去打了10斤酒,回家的路上碰到了一个朋友,恰巧这个朋友也是去打酒的。不过,酒家已经没有多余的酒了,且此时天色已晚,别的酒家也都已经打烊了,朋友看起来十分着急。于是,这个人便决定将自己的酒分给他一半,可是朋友手中只有一个7斤和3斤

的酒桶，两人又都没有带称，如何才能将酒平均分开呢？

答案：第一步，先将10斤酒倒满7斤的桶，再将7斤桶里的酒倒满3斤桶；第二步，再将3斤的桶里的酒全部倒入10斤桶，此时10斤桶里共有6斤酒，而7斤桶里还剩4斤；第三步，将7斤桶里的酒倒满3斤桶，再将3斤桶里的酒全部倒入10斤桶里，此时10斤桶里有9斤酒，7斤桶里只剩1斤；第四步，将7斤桶里剩的酒倒入3斤桶，再将10斤桶里的酒倒满7斤桶；此时3斤桶里有1斤酒，10斤桶里还剩2斤，7斤桶是满的；第五步，将7斤桶里的酒倒满3斤桶，即倒入2斤，此时7斤桶里就剩下了5斤，再将3斤桶里的酒全部倒入10斤桶，这样就将酒平均分开了。

六张纸币

有甲、乙、丙三个孩子，他们想买一个小型游戏机，但每个人带的钱都不够，于是他们三人决定合买。三人将兜中的钱全部掏了出来，一共有320元，其中100元的有两张，50元的有两张，10元的也有两张。三个孩子所带的钱没有相同的，即一个孩子不可能拥有两张100元或50元，而且没带100元纸币的孩子也没带10元的纸币，没带50元纸币的孩子也没带10元的纸币。那么，你是否能够猜出，这三个孩子原来各自带了多少钱？

答案：孩子甲带的是100元、50元和10元的，共3张；孩子乙带的和甲同样多，也是3张；而孩子丙身上没带一分钱。

称重量

一家生产白糖的厂商，准备给一家食品加工厂送去10箱白糖，每箱

里共装10袋,每袋重量是1000克。就在即将装车之前,质检部的主任得到消息,说由于工人的失误,这10箱白糖中有一箱的重量是不标准的,每袋只有990克。因为时间紧急,一箱一箱地称显然已经来不及了,那么如何才能用天平或台秤,只称一次就找出不合格的那箱白糖呢?

答案:从10个箱子中依次拿出1袋、2袋、3袋……10袋白糖,一共是55袋,将这55袋白糖一起放在天平上称。按标准重量算的话,应该有27500克,如果称出来的实际重量少了10克,那么不合格的产品就是第一个箱子,若是少了50克,那么就是第五个箱子,依次类推。

各有几只羊

小明今年8岁了,爸爸为了考一考他的智力,便给他出了一道智力游戏题:山上面有一群羊,山下面也有一群羊,如果一只山下的羊跑到山上的羊群中,那么两边的羊群只数便一样多,如果山上的一只羊跑到山下的羊群中,那么山下的羊便是山上的羊的两倍。请问:请问山上和山下各有多少只羊?

小明从来没有接触过这样的智力题,苦思冥想也想不出正确的答案。聪明的你,能够想出山上和山下各有几只羊吗?

答案:山上有5只羊,山下有7只羊。

计算容积

曾经有这样一个故事,一名毕业于名牌大学数学系的学生,因为他是学校的佼佼者,所以十分傲慢;一位老者很看不惯就给他出了一道求容积的题,老者只是拿了一个灯泡,让他计算出灯泡的容积是多少。傲慢的学生拿着尺子算了好长时间，记了好多数据，也没有算出来，只是列出了一个复杂的算式来。而老者只是把灯泡中注满了水，然后用量筒量出了水的体积，很简单就算出了灯泡的容积。

现在如果你手中只有一把直尺和一只啤酒瓶子，而且这只啤酒瓶子的下面2/3是规则的圆柱体，只有上面1/3不是规则的圆锥体。以上面的事例做参考，你怎样才能求出它的容积呢？

答案：先把啤酒瓶底的直径测量出来，这样就可以计算出瓶底的面积。再在瓶中注入约一半的水，测出水的高度，做好记录；盖好瓶口后，把瓶子倒过来测量出瓶底到水面的高度，做记录。将两个做好的记录相加再乘以瓶底的面积便可知啤酒瓶的容积了。

牛奶有多重

丽丽在超市看到一瓶牛奶，看了说明，觉得挺适合自己3岁的女儿喝，就买了下来。回到家中，她突然想到，按一定的比例给女儿喝，女儿多长时间可以喝完。她刚要去看看牛奶有多重时，却发现被手快的女儿把说明给撕的看不清了。于是她连瓶子秤了秤是3.5千克。

过了一段时间，等女儿喝完一半后，他又连瓶子秤了下是2千克。如果你是丽丽，能准确算出牛奶与瓶子的重量吗？

答案：牛奶剩一半时重为1.5千克，牛奶总的重量为3千克，瓶子重量为0.5千克。

电话号码

由于电话现在越来越普遍，但是号码却成了一个问题。于是管理

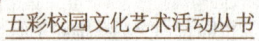

人员想了一个办法，把只有4位数的区号变一变，这样既解决了问题，又容易记得住。

张阿姨这天来管理处领取自己家的新号码，当她拿到新号码后，觉得非常不错，因为旧号码倒过来写正好是新号码，而且新号码正好是原来号码的4倍；张阿姨刚回到家，女儿就问他新号码是什么，张阿姨就按刚才的规律给女儿又说了一遍。女儿听完，只说了句明白了就走开了。

你能不能按张阿姨所说的规律，得出她女儿所知道的新的号码是什么呢？

答案：新的号码是：8712

谁是经理

假设"如果小绿是经理或小红不是经理，那么，小黑是经理"为真，由以下哪个前提可推出"小红是经理"的结论？

A 小黑不是经理。

B 小绿和小黑都是经理。

C 小黑是经理。

D 小绿不是经理。

E 小绿或小黑有一个不是经理。

答案：A。解析：要想推出"小红是经理"，我们首先要看一下"如果小绿是经理或小红不是经理，那么，小黑是经理"这个真命题的逆否命题：如果小黑不是经理，那么小绿不是经理而且小红是经理。因此，选项A就能充分保证"小红是经理"的结论成立。

百变魔镜

日常生活中,我们会常常用到镜子,而镜子呈现出的景象却不是实相。如果一人站在两块相对排放着的立镜中间,就会照出一连串很多的影像。现在假设有一间小屋,屋内上下、左右、前后都装上了无缝隙的镜子,请问:当你好奇的走进这间神秘小屋时,你想你能看到什么样的景象呢?

答案:镜子可以显现人的影像,这是利用光的传播原理,然而当你走进这样一个没有任何光线虽布满镜子的小屋,当然什么都看不到。

幸运渡河

在一个荒岛上有条河流,岛上有一座已多年失修而破烂不堪的古桥与河岸相连,很少有人到此地更不要说有人走这座桥了。某日一个旅行者不知道怎么漂泊到这个荒岛上,碰巧的是她刚好看到有座桥,于是想通过这座桥走到河的对岸,当他刚走了两三步,桥就发出嘎嘎的响声,好像就要断似的,他只好又返回荒岛。这个人不会游泳,四处呼叫也无人理会。无奈之下他只好呆在这个岛上,搅尽脑汁地想办法。

不知不觉他在这个荒岛上已被困了十天,两眼昏花,浑身无力。到了第十一天,他想无论如何也得过去,反正在这里呆下去也是死,还不如就此一搏,没有想到他竟然顺利通过此桥到了河对岸。请问他是怎么渡河的?

答案:想像一个人在这样寸草不生的荒岛上不吃不喝地生活10天,体重肯定会有明显下降,正好此时吊桥可以承受

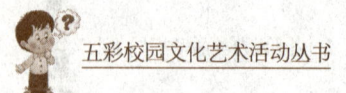

他的体重了,所以他就很幸运的过桥到达河对岸了。

是何用意

在卖场上,有A、B两个品牌的同一型号电池,A牌号的电池价格比B牌号低10%,前者比后者畅销。但经检测,B牌号的电池使用寿命比A牌号长15%,A牌号反而畅销,原因就是消费者不知道这两种电池在寿命上的差异。这样,在消费者支持下,本来应当少生产的低效产品反而多生产了。这说明,信息的不完全可以导致市场失效。那么,以下四个观点中:

①购买者拥有的产品信息不充分时,市场在配置资源方面不可能发挥有效作用时,需要政府的介入。

②生产厂家在商品标签上应该标明有关产品的成分、功能和生产日期。

③购买者要想正确的作出购物决定,就只能充分地获得产品的有关信息,了解产品的真正价值。

④对于国家来说,应当完善反不正当竞争法和消费者权益保护法。

请问:哪一个观点可以说明上述论断的真正用意?

答案:看上述说法,我们可以想一想题干材料的作者想说而未说的意思是什么。通过这段文字我们来看一下文章背后所隐含的思想。

第一步:看前两句,因为"消费者不知道这两种电池在寿命上的差异",也就是说信息的不完全可以导致市场失效。

第二步：由以上可以明确的得知，作者对"不完全信息"的现象持反对态度。显然，作者认为生产厂家必须在商品上标明完整的有关信息，只有这样，才能使购买者对商品有了知情权，进而改变不完全信息导致市场失效状况。

第三步：通过以上可知①③④与作者的用意不符，可以排除。

所以，只有②项"厂家在商品标签上应标明有关产品的成分、功能和生产日期"要求生产厂家公布商品信息，最符合作者的真正用意。

樱桃小丸子采蘑菇

樱桃小丸子吃腻了家里的鸡鸭鱼肉，她很想吃一些新鲜的东西，换换口味。樱桃小丸子的妈妈告诉她森林里的蘑菇最好吃最有营养了。樱桃小丸子听着听着就流出了口水，她要她妈妈去森林采摘一些蘑菇回来炖汤喝。她妈妈告诉她："不行，我很忙，这么多家务事还等着我去做呢！你自己去好了。"樱桃小丸子没办法，只好自己去森林采摘蘑菇了。

在晴天每天她能够采20个，雨天每天只能采12个，这些天来她一共采了112个蘑菇，平均每天采14个。

请问，这些天里有几天是雨天？

答案：6天。

孙悟空操练猴兵

孙悟空保护唐僧西天取经回来后，没有什么事干了，回到花果山闲得慌。有一天，孙悟空心血来潮又要他的猴兵们摆出当年大闹天宫

迎战天兵天将的阵势来。猴兵十分高兴，都争先恐后地跑到练武场上听候孙悟空的调遣。孙悟空数了三遍发现他手下猴兵不多不少仍然是1001名。孙悟空不知道应该怎样排列才不会把最后一名猴兵疏忽。

亲爱的读者，帮帮齐天大圣孙悟空吧！

答案：应该排成7个方队。每个主队由13行11列（或11行13列）组成，因为：$13 \times 11 \times 7 = 1001$。

宝树上的人参果

唐僧师徒四人往西天取经来到了镇元子大仙的道观里。镇元子大仙有事出去了，他事先留下两个道童接待唐僧师徒四人。道观里种了一棵宝树，长着人参果，吃一个人参果就能够活1万年。猪八戒知道后，特别想吃宝树上的人参果。那两个道童要考考猪八戒，要是猪八戒回答正确，才会摘一个人参果给他吃。

猪八戒在两个道童的带领下来到宝树前。一个道童指着宝树上的人参果说："这一树的人参果3个人分要剩2个，5个人分要剩3个，7个人分也是剩2个，猪八戒你知不知道这树上有多少个人参果？"

猪八戒口水都流完了，依然没有算出来。

想尝尝人参果是什么味道的读者朋友？请你不妨也算算。

答案：23个。

阿里巴巴装大金块

大商人阿里巴巴来到了芝麻洞里寻找宝藏。他在芝麻洞里找啊找啊，找了很久都没有找到宝藏。阿里巴巴不甘心空着手回去，于是他走到了芝麻洞里的最后一个通道。这下他可高兴极了，因为道路上有

很多大金块呢！在大金块的旁边还有一个木箱子。阿里巴巴发现大金块形状大小都一样，都是长20厘米、宽20厘米、高10厘米，他又发现木箱子的长、宽、高都是30厘米，他想多装一些金子，于是他就装起大金块来。这个木箱子到底能装多少金子？

答案：6块金子。

小猫乐米乐称蛋糕

小猫乐米乐本来是喜欢吃小鱼的。后来乐米乐不喜欢吃小鱼了，它喜欢吃蛋糕。小猫乐米乐从森林大街里买回了一些可口香甜的蛋糕，分别是1克、2克、3克、4克重量不一样的蛋糕，总共有4块。它在吃蛋糕之前做了一个有趣的游戏，那就是任意拿出重量不一样的蛋糕进行组合，看最多能组合多少种。聪明的乐米乐把它们全部都一一组合到了，那么它组合了多少种呢？

答案：6种。

姜太公钓大鱼

姜太公钓鱼不用鱼钩鱼饵也能钓上大鱼来。一天，姜太公闲得慌，他又来河边钓起鱼来，他为自己钓鱼打起分来，钓一只金鱼得9分，钓一只鲤鱼得5分，钓一只鳕鱼得2分。这一天姜太公钓了2只金鱼、4只鲤鱼、6只鳕鱼。姜太公算数可厉害了，他一眨眼就算出了自己得了多少分。

亲爱的读者朋友，你知道可爱的姜太公钓鱼得了多少分？

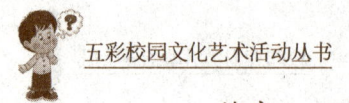

答案： 50分。

如来佛祖的五指山

齐天大圣孙悟空大闹天宫把天上的玉皇大帝吓破了胆。最后没办法，玉皇大帝只好请来了西天的如来佛祖帮忙对付孙悟空。如来佛祖一掌就把孙悟空压住了，他的五根手指变成了一座五指山。如来佛祖的拇指、食指、中指、无名指、小指分别重6公斤、4公斤、4公斤、3公斤、2公斤。后来他又在五指山上加了一根手指，这根手指的重量比最轻的手指重0.5公斤。于是如来佛祖就问孙悟空他这6根手指总共有多重？

孙悟空却说："好小子！你别神气，小心我到你的雷音寺去？"

小朋友，孙大圣不爱数学，你们可别学他喔！算算吧。

答案： 21.5公斤。

诸葛亮和周瑜比摸箭

周瑜很不服气诸葛亮比他聪明。他老是刁难诸葛亮。有一次，周瑜又刁难起诸葛亮来。周瑜事先把一些标有数字1的白箭，标有数字2的黄箭，标有数字3的黑箭装进了一个箱子里。周瑜当着诸葛亮的面从箱子里取了10枝箭，它们的数字和是21。诸葛亮没有看清周瑜取出了几枝白箭，但他马上就闭着眼睛算出来了。周瑜赶忙一清点白箭，答案果然正确，他气得吐了一口血。

请问，诸葛亮算出了几枝白箭？

答案： 4枝。

一休巧妙算路程

聪明的一休被小东东、小乐乐、小西西请到了操场里当裁判。小东东每分钟走120米,小乐乐每分钟走70米,小西西每分钟走100米。小东东问一休:"我们三个人同时同向,从同地出发,沿着300米的环形跑道行走,我走多少米后可以和小乐乐相遇?"这当然难不倒聪明的一休了,小东东刚一说完,一休就算出来了。

答案:720米。300÷(120-70)×120=720米。

唐僧扫高塔

唐僧来到一座佛塔拜佛,他看到塔梯很脏,于是他便扫起塔梯来。这座佛塔共有9层塔梯。

塔层越往上,梯级数越上,并且是按一定的数目依次递减。到了第9层塔梯,梯级数为第1层的1/2。唐僧已经知道9层塔梯共有108级。唐僧忘了数各层的梯级数,他只好自己算了起来。

亲爱的读者,你算出来了吗?

答案:从一层到九层依次为:16.15.14.13.12.11.10.9.8。

 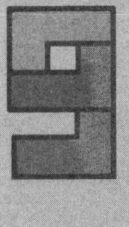 

 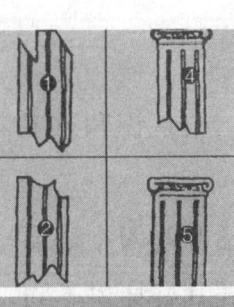 

NO4.学生记忆力锻炼指导

记忆力的分类

记忆力是识记、保持、再认识和重现客观事物所反映的内容和经验的能力。

人们在漫长的社会生活与学习中需要记忆来学习和工作,但人的记忆却因人的个体差异不同其好坏也不同。根据学术界上对记忆的一般性结论,人的记忆力的好坏有很大差距,这种差距通过人的记忆分类我们就更容易看清。

按方式分类

记忆,按方式可分为例概念记忆和行为记忆。所谓的概念记忆,就是对某一事物的回忆。例如,科技是第一生产力,大象的体重很重,等。这些只是概念上的回忆。

所谓的行为记忆,就是对某一行为、动作、做法或技能等的回忆。这种记忆极少会忘记,因为都涉及具体行动的。如,踩单车、游泳、写字或打球等。关于这些的记忆,或许很久不用的话会生疏,但极少会遗忘。

据说,人的大脑的记忆能力,相当于1500亿台80G电脑的存储量。觉得记东西难,可能只是困、累,或精神不佳。

根据持续时间分类

对记忆最基本的、也是被广泛接受的分类,是根据记忆持续的时间将其分为三种不同的类型,即感觉记忆、短期记忆和长期记忆。

短期记忆。短期记忆模型在过去25年里面为"工作记忆"所取代,有三个系统组成,即空间视觉形成的短期视觉印象、声音回路储存声音信息,这可以通过内在不断重复长时间存在和中央执行系统管理这两个系统并且将信息与长期记忆的内容建立联系。

长期记忆。记忆的内容不但是按主题,而且按时间被组织管理。一个新的经验,一种通过训练得到的运动模式,首先去到工作记忆作短期记录,在此信息可以被快速读取,但容量有限。

出于经济原因考虑,这些信息必须作一定清理。重要的或者通过"关联"作用被联想在一起的信息会被输送到中长期记忆。不重要的信息会被删除。

记忆内容越是被频繁读取,或是一种运动被频繁重复进行,反馈就越是精细,内容所得的评价会提高,或是运动被优化。后面一点的意思是,不重要的信息会被删除,或是另存到其他位置。记忆的深度一方面和该内容与其他内容的连接数目有关,另一方面与情感对之的评价有关。

根据记忆内容分类

根据记忆内容的变化,记忆的类型有:形象记忆型、抽象记忆型、情绪记忆型和动作记忆型。

形象记忆型是以事物的具体形象为主要的记忆类型。

抽象记忆型也称词语逻辑记忆型。它是以文字、概念、逻辑关系为主要对象的抽象化的记忆类型,如,"哲学"、"市场经济"、"自由主义"等词语文字,整段整篇的理论性文章,一些学科的定义、公式等。

情绪记忆型是指客观事物是否符合人的需要而产生的态度体验。这种体验是深刻的、自发的、情不自禁的。所以记忆的内容可以深刻的牢固的保持在大脑中。

动作记忆型是以各种动作、姿势、习惯和技能为主的记忆。动作记忆是培养各种技能的基础。

根据感知器官分类

感知器官包括视觉记忆型型、听觉记忆型、嗅觉记忆型、味觉记忆型、肤觉记忆型和混合记忆型等。

视觉记忆型是指视觉在记忆过程中起主导作用的记忆类型。视觉记忆中，主要是根据形状印象和颜色印象记忆的。

听觉记忆型是指听觉感知在记忆过程中起主导地位的记忆类型。

嗅觉记忆型是指嗅觉感知在记忆过程中起主导地位的记忆类型。嗅觉记忆是常人都具备的一种记忆。

味觉记忆型是指味觉感知在记忆过程中起主导地位的记忆类型。味觉记忆也是常人都具备的一种记忆。

肤觉记忆型是指肤觉感知在记忆过程中起主导地位的记忆类型。

混合记忆型是指两种以上（包括两种）感知器官在记忆过程中同时起主导作用的记忆类型。

保持时间的分类

科学家们根据信息论的观点，根据记忆过程中信息保持的时间长短不同，将记忆分为短期记忆和长期记忆两个保持阶段。并通过一系列实验，进一步将这两个阶段分为：瞬时记忆、短时记忆、长时记忆和永久记忆四种。

意识类型的分类

按心理活动是否带有意志性和目的性分类，可以将记忆分为无意记忆和有意记忆。（其中的"意"，心理学上的解释是指"意识"，意识问题很复杂，我们在这里将他解释为"意志性"和"目的性"，仅为了掌握）。结合记忆过程，还可以进一步分为：无意记忆和有意记忆两种。

无意记忆的四个特征：一是没有任何记忆的目的、要求；二是没有做出任何记忆的意志努力；三是没有采取任何的记忆方法；四是记忆的自发性，并带有片面性。

有意记忆相对于无意记忆，也具有四个特征：一是有预定的记忆目的和要求；二是需要作出记忆的意志努力；三是需要作出运用一定的记忆方法；四是具有自控性和创造性。

无意记忆和有意记忆是相辅相成的，并在一定的条件下可以相互转化。也就是说，无意记忆可以向有意记忆转化，有意记忆也可以向无意记忆转化。这些条件包括：

一、实践或认识任务的需要是两者相互转化的根本条件。

二、信息强度的变化是转化的重要条件。

三、人的主观处于何种状态是转化的重要条件。

四、所掌握的记忆技能的熟练程度是转化的必要条件。

五、精神高度集中，然后思想放松，常常是有意记忆向无意记忆转化的有利时机。

影响学生记忆力的因素

经研究发现，影响记忆力的因素很多，但主要有如下几种：

压力和不安

严重的情绪危机和压力不但会对记忆造成影响，甚至还会导致身心失衡，让人感觉很压抑，使精神生活笼罩在一片阴影中。举例而言，被抢劫的人往往很难正确地描绘出罪犯的长相和特征，即使能描述出来一些，也不完全准确。

大体上来说，通常人们在这种情况下，会将自己的注意力集中在罪犯的凶器和自己如何能逃跑上面。此时，生存的压力过大，人们能仔细记住罪犯的能力便大大降低，有的甚至降为零。

心理学家们曾经表示，适度的压力可以促进记忆力。轻微的压力比没有任何压力更能帮助人们发挥潜能。比如说升学压力过大固然不好，但是完全不当一回事同样也不是好事。物极必反，"人无压力轻飘飘"，同样也做不好什么事情。

有的人容易情绪紧张、不安，动不动就发出悲观消极的感叹，老是抱着负面想法的人很容易忽视生活中正面的、积极的因素，"忧郁"往往使人们陷于悲观的深渊中不能自拔，沉溺于过去，对于未来充满恐惧，这样的状态直接导致其注意力不断降低，集中注意力的功能也不断被弱化，记忆的能力当然日渐衰退。

睡眠与记忆力

我们的许多灵感都是在酣睡后的早晨出现的。睡眠可以解除大脑疲劳，同时制造大脑需要的含氧化合物，为觉醒后的思维和记忆做好充分的准备。适度睡眠为记忆和创造提供了物质准备，尤其是快速眼动睡眠阶段，对促进记忆巩固起着积极的作用。

2000年12月，美国《自然-神经科学》杂志发表了哈佛大学医学院的一个新发现：考试之前熬通宵的人第二天反而记不住所需内容了。

研究人员发现，在学习和练习完新东西后好好睡一觉的人，第二天所能记起的东西要多于那些学习完同样的东西后整夜不睡觉的人。因为熬夜会损害记忆。有的人常常熬夜甚至通宵学习，效果反而不高。

如果缺少睡眠，或服用能减少快速眼动睡眠的抗抑郁症的药物，就会出现疲劳、头昏脑胀、眼花心慌、食欲不振等感觉，导致警觉性差、情绪不佳、影响记忆力。

大量事实证明，拥有充分的睡眠，保持清醒和睡眠的自然周期才是最可靠的能长久促进记忆力发展的好办法。要获得深度良好的睡眠，睡前最好避免饮食，不要做剧烈运动，也不要长时间看书，不要在睡眠前考虑太多问题，更不要依赖安眠药。

不良嗜好与记忆力

研究发现，不良嗜好影响记忆力。如过量饮酒和吸烟都会使记忆力减退。

饮酒过量。适量的酒精可以帮助人们消除疲劳，使身体活性化。但是，对记忆而言，酒精却是有百害而无一利。饮酒过量不但会给生活带来种种麻烦，还会导致部分记忆的丧失。由于酒精对脑细胞的麻痹作用，很可能会发生暂时性记忆丧失。

当酒精在人体内被分解时，大脑活动所需的维生素B群就会被大量消耗，严重的酒精中毒会使神经细胞受到破坏，引发幻觉或神经错乱，更严重的，甚至导致精神分裂。很多人认为喝酒是生活所必需的，但是，切记应以不损害身体健康为前提。

吸烟。很多研究者的结果都表明，吸烟能加速记忆力的丧失。人到中年还有吸烟习惯，记忆力受损更加明显。最新研究显示，烟瘾大的人，即一周抽上15根香烟以上的烟客，长久记忆与日常记忆都比常人差。

提高学生记忆力的方法与步骤

记忆，就是过去的经验在人脑中的反映。它包括识记、保持、再现和回忆四个基本过程。其形式有形象记忆、概念记忆、逻辑记忆、情绪记忆、运动记忆等。

记忆的大敌是遗忘。提高记忆力，实质就是尽量避免和克服遗忘。在学习活动中只要进行有意识的锻炼，掌握记忆规律和方法，就能改善和提高记忆力。

提高记忆力的方法

1.注意集中

记忆时只要聚精会神、专心致志，排除杂念和外界干扰，大脑皮层就会留下深刻的记忆痕迹而不容易遗忘。如果精神涣散，一心二用，就会大大降低记忆效率。

2.兴趣浓厚

如果对学习材料、知识对象索然无味，即使花再多时间，也难以记住。

3.理解记忆

理解是记忆的基础。只有理解的东西才能记得牢记得久。仅靠死记硬背，则不容易记得住。对于重要的学习内容，如能做到理解和背诵相结合，记忆效果会更好。

4.过度学习

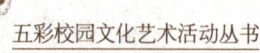

即对学习材料在记住的基础上,多去记几遍,达到熟记、牢记的程度。

5.及时复习

遗忘的速度是先快后慢。对刚学过的知识,趁热打铁,及时温习巩固,是强化记忆痕迹、防止遗忘的有效手段。

6.经常回忆

学习时,不断进行尝试回忆,可使记忆有错误得到纠正,遗漏得到弥补,使学习内容难点记得更牢。闲暇时经常回忆过去识记的对象,也能避免遗忘。

7.视听结合

可以同时利用语言功能和视觉、听觉器官的功能来强化记忆,提高记忆效率。比单一默读效果好得多。

8.多种手段

根据情况,灵活运用分类记忆、图表记忆、缩短记忆及编提纲、作笔记、卡片等记忆方法,均能增强记忆力。

9.最佳时间

一般来说,上午9~11时,下午3~4时,晚上9~10时,为最佳记忆时间。利用上述时间记忆难记的学习材料,效果较好。

10.科学用脑

在保证营养、积极休息、进行体育锻炼等保养大脑的基础上,科学用脑,防止过度疲劳,保持积极乐观的情绪,能大大提高大脑的工作效率。这是提高记忆力的关键。

增强记忆力的步骤

如何提高记忆力?很多人对如何提高记忆力这个问题感到很茫然,提高记忆力真的有那么难吗?要提高记忆力,我们可通过增强记忆力两大步骤来实现。

1.增强记忆力的第一步骤

记忆力是什么？科学家认为记忆力可分为短期记忆力、中期记忆力和长期记忆力。短期记忆力的实质是大脑的即时生理生化反应的重复，而中期和长期的记忆力则是大脑细胞内发生了结构改变，建立了固定联系。

比如怎么骑自行车就是长期记忆，即使已多年不骑了，仍能骑上车就跑。中期记忆是不牢固的细胞结构改变，只有曲不离口、拳不离手反复加以巩固，才会变成长期记忆力。短期记忆力是数量最多又最不牢固的记忆。一个人每天只将1%的记忆保留下来。

2.增强记忆力的第二步骤

我们既然明白了记忆力需要不断复习才能巩固的道理，就可以从物质和技巧两方面着手掌握增强记忆力的诀窍了。

物质方面，要多吃有利提高记忆力的食品，如富有含锌、磷酯、某些不饱和脂肪酸的芹菜、核桃、芝麻、瘦肉等。

提高记忆力技巧方面实际上就是按记忆的生理规律去做。

第一，课堂上要专心听讲、思考吸收，取得较深的短期记忆。下课后当天复习，过几天当记忆开始淡漠时再巩固一次并加以条理化。学而时习之，不亦乐乎，以后每隔一两个月复习一次。这样就可以把短期记忆变成中长期记忆，花最少的时间取得最佳的记忆效果。

第二，复习要记忆的功课最好在早晨或夜里的安静环境中进行。试验证明，晚上6～10点和早晨6～8点是记忆功能最佳时候。同时要专心，不要被其它干扰或打断。

切忌一边听音乐一边背书。这是因为大脑工作时只允许一个中枢处于兴奋状态，如果同时有几个兴奋点，必定会心不在焉或三心二意，结果大大降低记忆效果。

第三，记东西时要舒心不要紧张。紧张时去甲肾上腺素分泌增加，它是损害精神集中功能和记忆力的大敌。反之，在宽松环境中，垂体后叶分泌加压素，它对增强记忆功能大有好处。

第四，可以编一些顺口溜将知识条理化、提纲化，使知识形成记忆的系统和网络，这样便可通过联想来增加记忆效果。

例如要记唐宋八大家姓名时，可以先记住韩、柳、"三苏"、欧（阳）、王、曾八个姓，然后便于推想出全部姓名等等。

第五，尽量理解要记忆的内容。所谓理解，从生理上说就是把你的知识纳入记忆网络中，并且建立深一层的固定联系。死记硬背不理解的东西是浪费记忆力，也记不牢。

第六，左右转动眼球可有效提高记忆力。如果想快速回忆起某件事，只要将眼球左右来回转动30秒，就会产生良好的效果。因为眼球水平转动可以让大脑的左右半球互相沟通，这对于重新勾起人们的记忆至关重要。

学生记忆力的锻炼游戏

分"6"字形的零料

这是一块"6"字形的零料,小李准备沿着直线把它分为3块形状大小完全相同的图形,怎么分,请你帮他设计一下。

答案:如图:

一元钱到哪了

有3个人去旅店住宿,住3间房,每间房10元,于是他们付给了老板30元。第二天，老板觉得25元就够了，于是就让伙计退5元给这3位客人，谁知伙计贪心，只退回每人一元，自己偷偷拿了2元。这样一来便等于那3位客人各花了9元，于是3个人一共花了27元，在加上伙计独吞的2元，总共29元。可当初3个人一共付了30元，那么还有1元到哪里去了？

答案：这是个偷换概念的问题，每人每天9元，老板得到25元，伙计得到2元，27=25+2不能把客人和伙计得到的钱加起来。

找错误

一个正方体有6个面，每个面的颜色都不同，并且只能是红、黄、蓝、绿、黑、白6种颜色。如果满足：

1　红的对面是黑色

2　蓝色和白色相邻

3　黄色和蓝色相邻

那么，下面结论错误的是：

A　红色与蓝色相邻

B　蓝色的对面是绿色

C　白色与黄色相邻

D　黑色与绿色相邻

答案：选C

分析：有条件1可得，其余的四种颜色，黄绿蓝白为两组互为对色的颜色，又有2.3可得：白色与黄色为对面，蓝色与绿色为对面。所以选C。

最后剩下的是谁

50名运动员按顺序排成一排,教练下令:"单数运动员出列!"剩下的运动员重新排列编号,教练又下令:"单数运动员出列!"如此下去,最后只剩下一个人,他是几号运动员?如果教练喊:"双数运动员出列。"最后剩下的又是谁?

答案:教练下令"单数"运动员出列时,教练只要下5次命令,就能知道剩下的那个人。此人在下第五次令之前排序为2,在下4次令之前排序为4,在下3次令之前排序为8,在下2次令之前排序为16,在下1次令之前排序为32,即32位运动员。而后者,双数运动员出列时,我们可以得出剩下的是1号运动员。

因此:前者32号,后者1号。

有意思的钟

爷爷有两个钟,一个钟两年只准一次,而另一个钟每天准2次,爷爷问小明想要哪个钟。如果你是小明,你会选哪只。当然,钟是用来看时间的。

答案:这道题如果换一个问的方式,就很好回答,要是一只钟是停的,而另一只中每天慢一分钟,你会选择哪个呢?当然你会选择每天只慢一分钟的钟。

本题就是这样,两年准一次,也就是一天慢1分钟,需要走慢720分钟,也就是24小时,才能再准一次,也就是需要两年,而每天准两次的钟是停的。

因此,选择每年准两次的钟。

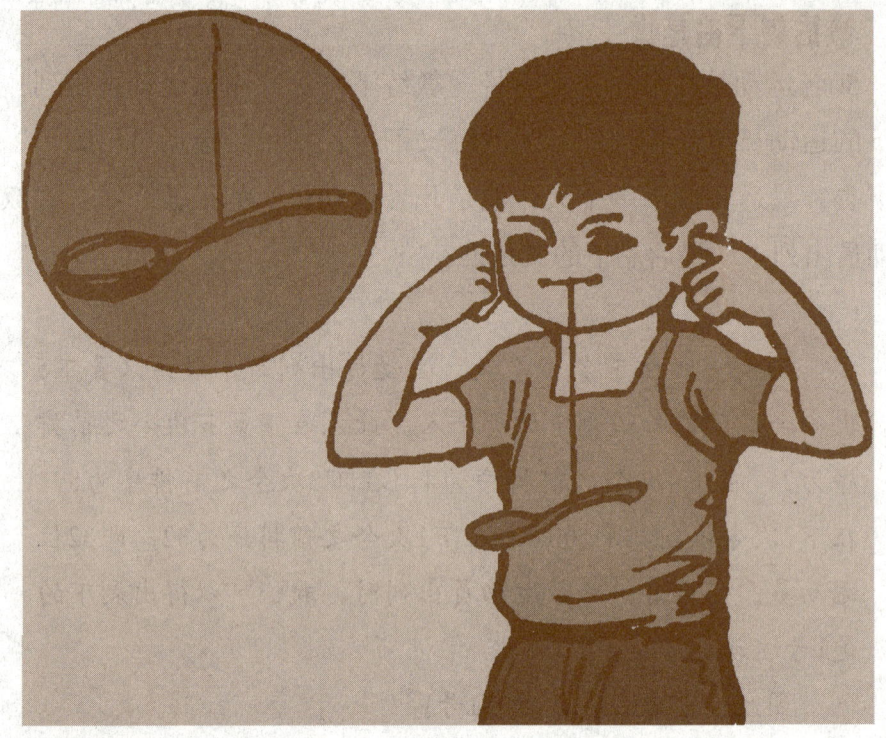

动脑筋

听声音要靠耳朵,如果把两只耳朵都塞住,听起来又怎样呢?请取一只铜匙,拿一根绳子吊住,如果用刀子或筷子敲敲这铜匙,你当然听到它所发出的声响。接着,把绳子上端用牙齿咬住,如图所示。

你用手把左右耳孔都塞住,请朋友照样敲敲铜匙。真奇怪,你不仅听到声音,而且声音比刚才好像还大些。为什么?

答案:声音是依靠声波的运动传播的。开头用刀子敲铜匙,它所产生的声波是靠空气传递,从耳孔送进耳朵里。后来,两耳已经被手指塞住,刀子敲铜匙时所发出的声波,经过绳子和头盖骨而传到听觉神经,坚硬的、有弹性的物体传递声波,比空气更好、更快,所以听起来更响。

危险的飞机

小明画了一张画。画中,一架飞机正飞越高山。可是,画家叔叔却说:"你的飞机出事故了,马上就会机毁人亡。"画家叔叔讲的是对的。你知道他为什么这样说吗?

答案:因为飞机的螺旋桨不转。

男人女人

有一天,旅社来了三对客人,两个男人,两个女人,还有一对夫妇,他们开了三个房间,门口分别挂上了带有标记的"男"、"女""男女"的牌子,以免走错房间。但是爱开玩笑的饭店服务员,把牌子巧妙地调换了位置,让房间里的人找不到自己的房间。

据说,在这种情况下,只要知道一个房间的情况,就可以找到其他房间的情况。

请问:应该敲挂什么牌子的房间门呢?

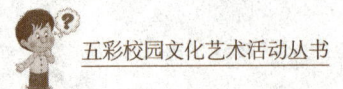

答案:"男女"的房间。

分析:因为确定每个牌子都是错的,所以挂有"男女"牌子的房间一定是只有"男"或只有"女"。很容易就能判断出来了。确定了这个,其中两个也就出来了。

找最大的钻石

在某大楼里,从一楼到十楼,每层楼的电梯门口都会放着一颗钻石,但大小不一。有一个女人在一楼乘电梯到十楼,每到一层楼,电梯的门都会打开一次。从头至尾,这个女人只能拿一次钻石,她怎样才能拿到最大的一颗?

答案:第一步:对前三个进行比较大小,对于最大的心里要有一个概念。

第二步:中间3个作为参考,确认最大的一个的平均水平。

第三步:在最后4个中选择一个属于最大一批的,闭上眼睛不再观察之后的。这就是最大的一颗。

怎样分盐

现在,桌子上摆着一只天平,两个砝码,分别为7g、2g。如何只用这些物品分三次将140g的盐分成50、90g各一份?

答案:称量出20g,倒入另一份70g中,获得50g,90g。

分析:第一步:将盐分为两个70g,取出其中一份。

第二步:利用两个砝码称出9g。

第三步:利用9g盐和2g砝码称出11g。

鲁班锯木

鲁班是木匠的祖师爷，手艺极佳。有一天，他决定做两个完全相同的圆柱筒。他准备了木料，并锯好了成形的材料，但天色已晚，就留第二天拼做。你知道鲁班是怎么来拼这些材料的吗？

答案：3、1、4相拼，6、2、5相拼。

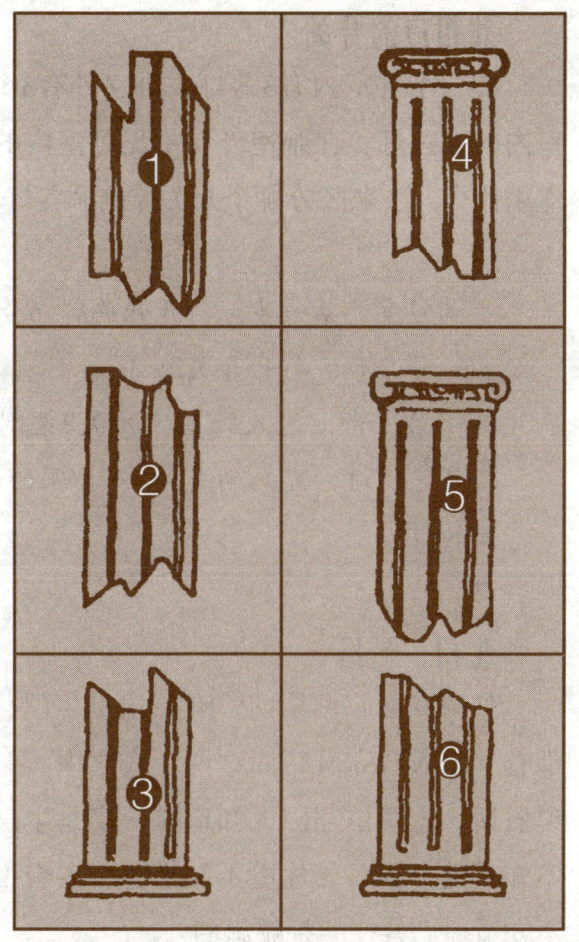

如何过桥

在一个夜晚，同时有4人需要过一桥，一次最多只能通过两个人，且只有一只手电筒，而且每人的速度不同。A，B，C，D需要时间分别为：1，2，5，10分钟。问：在17分钟内这四个人怎么过桥？

答案：总共是17分钟

分析：第一步：A、B过花时间2分钟。

第二步：B回花时间2分钟。

第三步：C、D过花时间10分钟。

第四步：A回花时间1分钟。

第五步：A、B再过花时间2分钟。

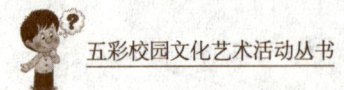

找相应的开关

在一个卧室内有3盏灯,卧室外有3个开关A、B、C,分别控制卧室内的三盏灯。在卧室外看不见卧室内的情况。你只能进门一次,问你用什么方法来区分哪个开关控制哪盏灯?

答案:第一步:打开开关A,5分钟后关闭开关A;

第二步:打开开关B;

第三步:进入卧室,开关B控制的是亮着的灯,用手去摸不亮的灯,发热的是开关A控制的灯,不发热的是开关C控制的灯!

生门,死门

你现在面临两扇门,有一扇是生门,另一扇是死门。生门及死门都有一个人看守着,而这两个人之中,一个只会说真话,另一个只会说假话,这两位守门人知道哪一扇是生门,哪一扇是死门,而你则是不知道的。同时,你更不知道哪个人会说真话,哪个人会说假话,更不知道他们各守的是哪扇门?

请问有什么方法,可以只问其中一位守门员一个问题,就可以知道哪扇是生门?

答案:只要问其中一个:"你认为另一个守门人会说他守的是生门还是死门?"就可以知道哪扇是生门,哪扇是死门。

分析:问其中一位守门员,如果回答是生门即实际是死门,反则生门。或者问:"对方认为哪边是死门?"看他会指向哪扇门?

犯人被抓

有两个犯人同时被抓,如两个人能同时坦白,各判刑期5年;如果一人坦白,他就是1年,另一个人10年;如果两人都不坦白,各判3年。两个人无法沟通,他们经过挣扎考虑后,都坦白了,都获得5年刑期。

请问:他们为什么要这样选择呢?

答案:由于他们没有办法,他们都想:

(1)如果他坦白:我坦白,5年;不坦白,10年。坦白更好;

(2)如果他不坦白:我坦白,1年;不坦白,3年。坦白更好。

因此他们都选择了"坦白"。

一条纸带

一条长约30厘米、宽约1厘米的纸带可以成为一种有趣戏法的材料。在纸带的两处剪或撕两个口子,请你的朋友在纸带两头拉,将会发生什么情形?

答案:纸带只断成两段。因为两条裂口的裂痕永远不会一样深,纸带最薄弱的地方会首先断裂。

如何吃药

你一个人到了一座荒岛上,救援人员20天后才能到达(今天是第

0天)。你有A和B两种药片,每种20粒。每天你必须各吃一片才能活到第二天。但是你不小心把这两种药混在了一起,无法识别。你该怎么办?

答案:只要把药片全部碎成粉末,搅匀后平均分成10份,一天吃一份。

奇妙的船

找一只坏了的乒乓球,剪成三片长方形,然后修剪成小船模样,再在船尾剪去一小块并剪出一条缝。敲碎一只樟脑丸,在每个小块上放上一小块樟脑,让它接触到水而掉不下去。然后,把小船轻轻放进盛有水的盆碟里,使樟脑浸在水里。这时,奇妙的"船"就会绕着盆碟"航行"起来。这是怎么一回事?

答案:原来液体的表面有一层强韧的薄膜,具有收缩力,叫做液体的表面张力。当樟脑溶入水中后,这部分的表面张力就减少了,于是,小船被表面张力较大的一端拉过去,樟脑不断溶入水中,小船也就不断取得"动力",直到樟脑用光,小船才静止不动。

帽子的颜色

一个牢房，里面关有3个犯人。因为玻璃很厚，所以3个犯人只能互相看见，不能听到对方所说的话。一天，国王命令下人给他们每个人头上都戴了一顶帽子，告诉他们帽子的颜色只有红色和黑色，但是不让他们知道自己所戴的帽子是什么颜色。在这种情况下，国王宣布两条命令如下：

1 哪个犯人能看到其他两个犯人戴的都是红帽子，就可以释放谁；

2 哪个犯人知道自己戴的是黑帽子，也可以释放谁。

事实上，他们三个戴的都是黑帽子。只是他们因为被绑，看不见自己的罢了。很长时间，他们3个人只是互相盯着不说话。可是过了不久，聪明的A用推理的方法，认定自己戴的是黑帽子。您也想想，他是怎样推断的呢？

答案：在国王宣布过第1条命令后，过了一段时间，仍没人被释放。因此，可以证明3顶帽子中没有2顶红帽，也可以说三个人中可能有2黑1红，或者3黑。于是出现了两种情况：假设A戴的是红帽，于是他就看见了2顶黑的。B和C都可以看见1黑1红。但是既然红的在A头上，那么B和C都是黑的。那么B和C早就能确定自己带的是黑帽。所以A不可能戴红帽。因此A推定自己头上戴的肯定是黑帽。因为只有出现3顶黑帽，才没有人敢确定红帽是否在自己头上。聪明的你想到了吗？

填数字

找规律填数字是一个很有趣的游戏，特别锻炼观察和思考的能力。

试试看，有规律填写以下空格：

1 1 4 7 10 〖 8 〗 1 9 22 25 1 1 2 3 5 8 〖 9 〗 3 4 5 5 12 4 7 11 16 〖 9 〗 3 7 4 6 14 9 16 〖 7 〗 4 9 64

答案：（1）第2个数字比第1个数字多3，第3个数字比第2个数字多3，第4个数字也比第3个多3，这像是一个等差数列，差是3。按这个想法，应该填13，16，那接下来19，22，25都符合这个规律。

（2）仔细观察，你会发现每个数字的差不一样，后面的基本都比前面的大，有什么规律呢？第3个数字2是第1个和第2个数字的和，第4个数字3，是第2个和第3个数字的和，每个数字都是它前面两个数字的和。按这个想法，应该填13，21，在后面的34正好等于13+21，55也正好等于21+34，按照这样的规律填即可。

（3）这一组数字，后面的数字都比前面的大，那差分别是多少呢？看看，

2-1=1，4-2=2，7-4=3，11-7=4，16-11=5……

你看出规律了吗？每一个数字跟前面数字的差都增加1。那这样应该填22，29，后面正好也符合这个规律。

（4）首先可以看出后面的数字比前面的数字大，大多少呢？3，5，7。这个规律成立吗？试试看，填进大9和11的数字，得到25，36。36+13=49，49+15=64。正好成立。

体育竞赛

有一场体育比赛，共有N个项目，有运动员1号，2号，3号参加。

在每一个比赛项目中，第一、第二、第三名分别得A、B、C分，其中A、B、C为正整数，且A>B>C。最后1号选手共得22分，2号与3号均得9分，并且2号在百米赛中取得第一。最后，求N的值，并分析出谁在跳高中得第二名。

答案：因为1号、2号、3号三人共得分为22+9+9=40分，又因为三名得分均为正整数且不等，所以前三名得分最少为6分。40=5×8=4×10=2×20=1×20，不难得出项目数只能是5。即N=5。

1号总共得22分，共5项，所以每项第一名得分只能是5，22=5×4+2，故1应得4个一名1个二名第二名得1分，又因为2号百米得第一，所以1只能得这个第二。

2号共得9分，其中百米第一5分，其它4项全是1分，9=5+1=1+1+1。即2号除百米第一外全是第三，跳高第二必定是3号所得。

猜字

元宵灯谜晚会上，小白看到这样一幅画面，要求猜一个字。小白一见，立刻说出了答案。旁人一听，都觉有理。你知道是什么字吗？

答案：电。

野鸭蛋的故事

四个旅游家（张虹、印玉、东

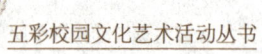

晴、西雨）去不同的岛屿旅行，每个人都在岛上发现了野鸡蛋（1个到3个）。4人的年龄各不相同，是由18岁到21岁。已知：

1　东晴是18岁。
2　印玉去了A岛。
3　21岁的女孩子发现的蛋的数量比去A岛女孩的多1个。
4　19岁的女孩子发现的蛋的数量比去B岛女孩的多1个。
5　张虹发现的蛋和C岛的蛋之中，有一者是2个。
6　D岛的蛋比西雨的蛋要多2个。

请问：张虹、印玉、东晴、西雨分别是多少岁？她们分别在哪个岛屿上发现了多少野鸡蛋？

答案：因为21岁的女孩不是去了A岛（印玉）（③），所以，21岁的是张虹。所以可推断，19岁的是印玉。

姓名 年龄 岛 卵 张虹 21岁 1个或2个 印玉 19岁 A 1个或2个 东晴 18岁 西雨 20岁 3个

假设张虹有2个的话，那么印玉就有3个（③），这与④相互矛盾的。所以，张虹是1个，印玉是2个。因此可知，C岛是发现了2个（⑤），去C岛的是东晴。

根据条件⑥可知，张虹去了D岛，剩下的西雨去了B岛。

所以，结果就是：

姓名 年龄 岛 卵 张虹 21岁 D 1个 印玉 19岁 A 2个 东晴 18岁 C 2个 西雨 20岁 B 3个

第四张考卷多少分

期中考试数学老师出了10道判断题，每题10分。正确的画圈，错误的画叉。ABCD四位同学一齐最早交了卷。老师立刻为前三张卷子判了分。你能不能根据前三位同学的分数,判断一下第四张卷子可以得多少分?

答案:60分。

小圆能转几周

两个直径分别是2和4的圆环,如果小圆在大圆内部绕大圆转一周,那么小圆自身转了几周?如果在大圆的外部转,小圆自身又要转几周呢?

答案:小圆能转3周。

分析:两圆的直径分别为2、4,那么半径分别为1、2。假如把大圆剪开并拉直,那么小圆绕大圆转一周,就变成从直线的一头移动到另一头。因为这条直线长就是大圆的周长,是小圆周长的2倍,所以小圆需要滚动2圈。

但现在小圆在沿大圆滚动的同时,自身还要作转动。小圆在沿着大圆滚动1周并回到原出发点的同时，小圆自身也转了1周。如果小圆在大圆的内部滚动，其自转的方向与滚动的转向相反，因此小圆自身转了1周；如果小圆在大圆的外部滚动，其自转的方向与滚动的转向相同，因此小圆自身转了3周。

他懂计算机吗

已知下列A、B、C三个判断中，只有一个为真。

A　甲班有些人懂计算机。

B　甲班王某与刘某都不懂计算机。

C　甲班有些人不懂计算机。

请问：甲班的班长是否懂计算机？（注意：要有分析的过程。）

　　答案：甲班班长懂计算机。

　　分析：A与B是等值关系，真假情况完全相同，假如C真，那么B也是真的。因为这三个判断中只有一个是真的，所以只能是B与C假，A真。

　　A如果是假的，意味着"甲班所有的同学懂计算机"真，这是因为B与"甲班所有的同学懂计算机"是矛盾关系。既不可以同时使真的，也不可以同时都是假的，如果有一个是假的，那么另一个必定是真的。另外，如果甲班所有的同学懂计算机，那么说明甲班班长也懂计算机。

是否参加鉴定

有一个工业公司，组织它下属的A、B、C三个工厂联合试制一种新的产品。关于新产品生产出来后的鉴定办法，在合同中做出了如下规定：
1 如果B工厂不参加鉴定，那么A工厂也不参加。
2 如果B工厂参加鉴定，那么A工厂和丙工厂也要参加。

请问：如果A工厂参加鉴定，C工厂是否会参加？为什么？

答案：C工厂参加鉴定。

分析：如果B工厂不参加鉴定，那么A工厂也不参加；如果B工厂参加鉴定，那么A工厂和C工厂也要参加；A工厂参加鉴定。

（1）如果B工厂不参加鉴定，那么A工厂也不参加。

（2）A工厂参加鉴定。所以，B工厂参加鉴定。

（3）如果B工厂参加鉴定，那么A工厂和丙工厂也要参加。B工厂参加鉴定。

所以，A工厂参加时，C工厂也会参加。

拥有古物的是谁

孙某和张某是考古学家老李的学生。有一天，老李拿了一件古物来考验两人，两人都无法验证出来这件古物是谁的。老李告诉了孙某拥有者的姓，告诉张某拥有者的名，并且在纸条上写下以下几个人的人名，问他们是否知道谁才是拥有者？

纸条上的名字有：沈万三、岳飞、岳云、张飞、张良、张鹏、赵括、赵云、赵鹏、沈括。

孙某说：如果我不知道的话，张某肯定也不知道。

张某说：刚才我不知道，听孙某一说，我现在知道了。

孙某说：哦，那我也知道了。

请问：那件古物是谁的？

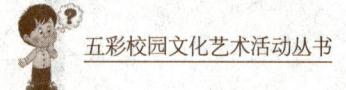

答案：岳飞。

分析：孙某说："如果我不知道的话，张某肯定也不知道。"那名字和姓肯定有多个选择的，排除沈万三和张良，把姓沈和姓张也同时排除。现在剩下：赵括、赵云、赵鹏、岳飞、岳云。张某说："刚才我不知道，听孙某一说，我现在知道了。"、所以肯定是多选的排除：那就是"云"，剩下：赵括、赵鹏、岳飞。

最后：孙某说："哦，我也知道了。"那姓肯定是惟一的，那只有"岳飞"了。

如何分汤

两个犯人被关在监狱的囚房里，监狱每天都会给他们提供一小锅汤，让这两个犯人自己来分。起初，这两个人经常会发生争执，因为他们总是有人认为对方的汤比自己的多。后来他们找到了一个两全其美的办法：一个人分汤，让另一个人先选。于是争端就这么解决了。可是，现在这间囚房里又加进来一个新犯人，现在是三个人来分汤。因此，他们必须找出一个新的分汤方法来维持他们之间的和平。

请问：应该如何分汤？

答案：想要使三个人都得到心里平衡，分汤的方法就必须要公平、公正、公开。因此，可以得出以下结论：

第一步：让第一个人将汤分成他认为均匀的三份。

第二步：让第二个人将其中两份汤重新分配，分成他认为均匀的2份。

第三步：让第三人第一个取汤，第二人第二个取汤，第一人第三个取汤。

喝救命水

你去沙漠旅行，事先准备的水喝光了，你口渴难忍，这时你看到有个瓶子，拿起来一看，里面还有多半瓶水。可是瓶口用软木塞塞住了，这个时候在不敲碎瓶子，不拔木塞，不准在塞子上钻孔的情况下，你怎样完整地喝到瓶子里的酒呢？

答案：把软木塞按进去。

破案

某公寓发生了一起凶杀案，死者是已婚妇女。探长来到现场观察。法医说："尸体经过检验后，不到2个小时，被一把刀刺中心脏而死。"

探长发现桌上有一台录音机，问其他警员："你们开过录音没有？"众警员都说没开过。

于是，探长按下放音键，传出了死者死前挣扎的声音：

"是我老公想杀我，他一直想杀我。我看到他进来了，他手里拿着一把刀。他现在不知道我在录音，我要关录音机了，我马上要被他杀死了……咔嚓。"录音到此中止。

探长听到录音后，马上对众警员说，这段录音是伪造的。你知道探长为什么这么快就认定这段录音是伪造的吗？

答案：如果真的是他老公杀的话，死者就不可能说："他不知道我在录音，我要关录音机了。"如果被杀者录音并不被杀人者所知，录音不会有卡擦声，这样被杀人就可能知道录音机所在何处，离开时也会同时把录音机销魂，就不会存在这个录音了。

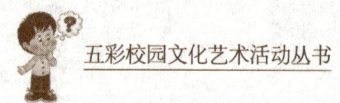

哪种说法是假的

高校2007年秋季入学的学生中有些是免费师范生。所有的免费师范生都是家境贫寒的。凡是贫困学生都参加了勤工助学活动。

如果以上说法是真的，那么，请找出以下对此错误的看法：

A 有些参加勤工助学活动的学生不是免费师范生。

B 2007年秋季入学的学生中有人家境贫寒。

C 凡是没有参加勤工助学活动的学生都不是免费的师范生。

D 有些参加勤工助学活动的学生是2007年秋季入学的。

答案：选A。

分析：在选项B中，有免费师范生入学，一定有贫寒生入学，因为免费师范生是贫寒的。C选项免费师范生一定贫寒，一定参加勤工助学，没参加勤工的一定不是免费师范生。D选项有些参加勤工的指的就是那些2007秋季入学的免费师范生。排除得A错误，原因在于那年勤工助学的可能就是那几个免费师范生，没其他人。

人寿保险

在一个住宅小区的居民中，大多数中老年人都办了人寿保险，所有买了四居室以上住房的居民都办了财产保险。所有办理人寿保险的都没有办财产保险。

如果上述说法是真的，那么以下哪种说法是真的？

1.某些中老年买了四居室以上的房子。

2.某些中老年没办此案产保险。

3.没有办人寿保险的是买四居室以上房子的人。

A 1、2和3
B 1和2
C 2和3
D 1和3

答案：选C

分析：2正确，因为肯定有中老年教员办人寿保险，所以肯定没办财产保险。3正确，买四居室以上都办了财保，办人寿的没办财保，办财保的也肯定没办人保，所以这些大户都没办人保。1不能断定，大多数买人保，也可以有人买了四居室以下也没买人保的。

NO5.学生思维力锻炼指导

思维力的定义与内涵

定义

思维力是人脑对客观事物间接的、概括的反映能力。当人们在学会观察事物之后,他逐渐会把各种不同的物品、事件、经验分类归纳,不同的类型他都能通过思维进行概括。

思维科学认为,思维是人接受信息、存贮信息、加工信息以及输出信息的活动过程,从思维的本质来说,思维是具有意识的人脑对客观现实的本质属性、内部规律的自觉的、间接的和概括的反映。

通过多维立体的思考找出一类事物共同的、本质的属性和事物间内在的、必然的联系方法的能力,属于理性认识。当人们在学会观察事物之后,会把各种不同的物品、事件、经验分类归纳,不同的类型都能通过思维进行概括,这就是思维的特点。

内涵

1.思维力训练的广与狭

从广义上来看,它普遍存在于人们生活的方方面面,每个人从一生下来就在接受着各种各

样的思维训练,不论是母亲教孩子吃饭走路,还是老师教学生写字画画;不论是接受某种观念,还是养成某种习惯,从本质上说都是一种头脑的思维训练。从狭义上讲,思维训练则指的是专类思维训练,确切地是指一种高级的思维训练。用一个通俗的比喻来说,广义的思维训练是孩子在母亲的帮助下学会涂鸦乱抹,而狭义的思维训练是学生在大师指导下学习绘画创作。两者的本质虽然相同,但层次却有很大差别。

2.思维力训练的虚与实

许多人在初识思维训练的时候,都觉得训练思维很"虚",既不像绘画打字那样有实用价值,又不像学习数学语文那样有可见的知识积累。如果我们因为思维看不见摸不着而将它视为虚,将思维训练视为无用,那就错了。思维训练看似很虚,却是实实在在的。从用途上来讲,任何实用技能训练归根到底都是思维的训练,绘画本身是实的,但如果不掌握绘画的技法和艺术的创作规律等虚的东西,就不可能画出好作品。而学习和消化这些技法和规律,实际上是在接受一种绘画思维训练。从层次上来看,越是智能水平高的训练,就越是呈现出虚多实少的特征,社会越发展,越需要人们的抽象思维发达。

3.思维力训练的源与流

思维训练是目前世界上最流行也最有效的智力开发方法,不过它并不是现代独有的专利,目前的思维训练是建立在最新的思维科学成果和古代的头脑训练术基础上的。早在古希腊时期,著名的哲学家苏格拉底就创造了有名的"头脑助产术"。现代社会,思维训练受到人们的普遍欢迎,其中商业因素的推动功不可没。在西方发达国家,大公司一般都比较重视对员工的培训工作,尤其是创造思维的培训几乎是总经理与高级主管们的必修课,因为他们在实际工作中切实感受到接受过思维培训和没有接受过思维培训的效果是大不一样的。

学生思维力的调整与提高

思维的调整方法

人的思维水平是由其包括非智力因素的思维品质所决定的！根据智力心理学的前沿观点，改善一个人的思维品质最主要的就是提高其原认知水平，即形成一种根据自身认知特点自觉调整控制思维过程、认知策略的思维习惯！更通俗地说，就是养成一种自觉思维。在掌握了一定认知策略与自身认知特点的前提上，经常自觉地对自己思维的状况本身进行"反思"、监控与调整，久而久之形成一种下意识按照思维认知规律与自身认知特点进行思维的习惯！这种训练方式确实有用，不过必须要持之以恒，且注意力一定要集中！

1.在记忆方面的问题

第一，由于对初始信息、事物本身观察的不深刻、不全面以及记忆的不准确、不深刻，造成在思维过程中常出现思维前提、已有判断、信息被遗忘或掌握不确切的情况，导致进一步地分析、推理无法有效展开！

第二，在平时学习中，由于未能将各种信息、知识分门别类、有序地加以储存（短时记忆转为长时记忆），也没有经常性地对知识进行系统化地整理，导致知识记忆的不牢固，知识储存的相对无序，这就造成了在具体思维过程中所需的问题信息、背景知识不能被迅速检索、有效地激活运用，导致了思维的不畅与经常卡壳的后果。

2.在思维的程序与策略方面的问题

某些思维的程序化策略掌握得不够熟练，其种类与数量也不够。具体表现在：

第一，对某些思维的程序化策略的掌握还远未达到"内在化"的程度：

当问题超出经验思维的有效范围，直觉思维偏差或丧失方向时，相关的程序化思维不能迅速被激活，甚至压根就没有学习过相关情境的问题解决策略，无法自觉有效地指导思维找到新的方向，造成思维卡壳、断线！

第二，对数学、逻辑等思维工具掌握不熟练。

只能较直接、经验地分析问题，不善于将其转换为数学、逻辑形式加以考察，造成很多问题因无法抽象、简化而难于解决；很多问题也因无法量化、具体化，导致难以比较分析而不能有效解决。

3.思维的自我调整（自我监控）方面的问题

在思维的自我监控程序中计划、意识、方法、执行、反馈等几个环节尚存在严重不足。究其根本，这反映了思维本身的"自觉性"，即自我监控的习惯尚未完全养成。其中尤以计划、意识、反馈这个环节为甚：

第一，计划：在思维前应先对目的、目标进行精确界定的习惯尚不巩固，对思考的内容、要点、问题的核心结构等问题也往往缺乏基本的界定。

第二，意识：对"意识"本身的意识，对"思维"本身的思维还未形成一种本能，尚须不断的自我提醒。

第三，反馈（调整）：对思维效果、效率的评估，思维过程本身的反思与调控是目前做得最差的。

4.思维品质方面的问题

思维的分析性与批判性仍不足，仍过于依赖已有经验与模式，对于经验以外的新问题，仍未形成一种通过深入、细致观察发现其线索，善于根据所有已知条件、线索加以系统考察的习惯，经常是浅尝辄止一时找不到答案后就将其束之高阁。思维的灵活性仍须加强：应更加注意从不同角度去看待、分析同一事物，锻炼自己用不同途径、方法解决同一问题的能力。

5.非智力因素方面的问题

在思维中注意力的高度集中一直都是一个问题。由于注意力的不集中使得思维中的问题意识与目标意识仍不够强烈，思维经常陷入漫无目标、毫无结果的"玄想"。若在这方面能有所改善，对整个思维效率的提升效果将是显著的。

6.改进建议

第一，加强自觉思维的习惯，经常性地自己思维过程本身进行"反思"，通过"大声思维"的方式，找出影响其正确性与效率的各种因素、根源，加以改进！

第二，强化对思维规程与思维策略的训练，特别是应掌握决策思维的一般程序（问题分析、目标确定、提出多个备选方案、择优选用、实施、反馈、调整）、手段与目的分析、逆推法、简化变型（化归）法、典型分析归纳法、推导树法、类别推理与假说法、决策树法、决策表法等分析推理技法！

第三，在对概念的学习中，尽可能地使用概念图或事物关系联系图，以全面深刻地把握概念的内涵、外延及与其它概念的关系！

第四，在思维过程中，注意加强意识本身的调控作用，当思维出现偏差、卡壳、空白及失去方向时，能立刻意识到这一点，不在已有的圈子里继续打转，而是重新对情况作出评估，从其它角度分析问题，重新获得方向！

第五，在思考前或思考中，尽量把情绪、精力调整好。

思维力的提高方法

1.思维力的表现方式

智力水平主要通过思维能力反映出来。思维水平的高低，反映一个人智力活动水平的高低，它从不同方面表现出来：

第一，独立性。思维能力强的人必定是善于独立思考的人。即使他请教别人、查阅资料，也是以独立思考为前提的。

第二，灵活性与敏捷性。对事物反映迅速而且灵活，不墨守成规，能较快地认识、解决问题。

第三，逻辑性。思考问题严密而且科学，不穿凿附会，不支离破碎，得出的结论有充足的理由和证据，前因后果思路清晰。

第四，全面性。看问题不片面，能从不同角度整体地看待事物。

第五，创造性。对问题能提出创造性见解，别人没想到的他也能够想到。

2.思维力的提高方法

思维能力是指正确、合理思考的能力。即对事物进行观察、比较、分析、综合、抽象、概括、判断、推理的能力，采用科学的逻辑方法，准确而有条理地表达自己思维过程的能力。它与形象思维能力截然不同。

思维能力不仅是学好数学必须具备的能力，也是学好其他学科，处理日常生活问题所必须的能力。数学是用数量关系（包括空间形式）反映客观世界的一门学科，逻辑性很强、很严密。

第一，灵活使用逻辑。有思维能力不等于能解决较难的问题，仅就逻辑而言，有使用技巧问题。熟能生巧。学数学可知，解题多了，你就知道必须出现怎样的情况才能解决问题，可叫数学哲学。总的来说，文科生与理科生差异在此，不在思维的有无。同时，现实中人们

认为逻辑思维能力强的,实际上是思想能力强,并无分文理。而且思想也不是逻辑地得到,而是逻辑地说明。

第二,参与辩论。思想在辩论中产生,包括自己和自己辩论。例如关于是主权高于人权还是相反,我认为是保护人权的主权大于人权,不能包括导致国王享用婴儿宴的主权,既必须界定主权,前者有条件成立。导致该认识的原因是有该问题辩论,否则不会去想。

第三,坚守常识。其实我很轻松得到关于人权的个人结论,原因是不论大牌专家怎么宏论,我不认同的道理只有一个;我坚守谁都不愿意自己的正当权利被侵犯,除非不得已这样的常识。因为坚守这个常识,就要具体分析主权比如国家保有军队的权利,该权利会在不同情况下要求国民承担不同义务,战时似乎侵犯人权,但这是为每个人安全需要的一种付出,主权必须具有正当性。可见坚守常识及逻辑得到的结论的重要性。要注意的是,归纳得到的结论不能固守,因为归纳永远是归纳事物的一部分,不可能是全部,它违反部分怎样不等于全部怎样的常识,例如哲学。中国人常常用哲学说明问题,总是从一个一般到另一个一般,所以说而不明,好像不会逻辑思维,谬矣。

第四,敢于质疑。包括权威结论和个人结论,如果逻辑上明显解释不通时。

第五,培养独立思考的习惯。有的学生遇到疑难问题,总希望老师给他答案。有些老师直接把答案告诉学生,这对发展学生的智力没有好处。高明的老师面对学生的问题,应告诉他们自己寻找答案的方法,启发学生运用自己学过的知识和经验去寻找答案。当学生自己得出答案时,他会充满成就感,而且会产生新的学习动力。

学生思维力的训练与培养

思维力的训练方法

思维能力的训练是一种有目的、有计划、有系统的教育活动。对它的作用不可轻估。人的天性对思维能力具有影响力，但后天的教育与训练对思维能力的影响更大、更深。许多研究成果表明，后天环境能在很大程度上造就一个新人。

思维能力的训练主要目的是改善思维品质，提高学生的思维能力，只要在实际训练中把握住思维品质，进行有的放矢的努力，就能顺利地卓有成效地坚持下去。思维并非神秘之物，尽管看不见，摸不着，来无影，去无踪，但它却是实实在在，有特点、有品质的普遍心理现象。

1.推陈出新训练法

当看到、听到或者接触到一件事情、一种事物时，应当尽可能赋予它们的新的性质，摆脱旧有方法束缚，运用新观点、新方法、新结论，反映出独创性，按照这个思路对学生进行思维方法训练，往往能收到推陈出新的结果。

2.聚合抽象训练法

把所有感知到的对象依据一定的标准"聚合"起来，显示出它们的共性和本质，这能增强学生的创造性思维活动。这个训练方法首先要对感知材料形成总体轮廓认识，从感觉上发现十分突出的特点；其

次要从感觉到共性问题中肢解分析,形成若干分析群,进而抽象出本质特征;再次,要对抽象出来的事物本质进行概括性描述,最后形成具有指导意义的理性成果。

3.循序渐进训练法

这个训练法对学生的思维很有裨益,能增强领导者的分析思维能力和预见能力,能够保证领导者事先对某个设想进行严密的思考,在思维上借助于逻辑推理的形式,把结果推导出来。

4.生疑提问训练法

此训练法是对事物或过去一直被人认为是正确的东西或某种固定的思考模式敢于并且善于或提出新观点和新建议,并能运用各种证据,证明新结论的正确性。这也标志着一个学生创新能力的高低。训练方法是:首先,每当观察到一件事物或现象时,无论是初次还是多次接触,都要问"为什么",并且养成习惯;其次,每当遇到工作中的问题时,尽可能地寻求自身运动的规律性,或从不同角度、不同方向变换观察同一问题,以免被知觉假象所迷惑。

5.集思广益训练法

此训练法是一个组织起来的团体中,借助思维大家彼此交流,集中众多人的集体智慧,广泛吸收有益意见,从而达到思维能力的提高。此法有利于研究成果的形成,还具有潜在的培养学生的研究能力的作用。因为,当一些富个性的学生聚集在一起,由于各人的起点、观察问题角度不同,研究方式、分析问题的水平的不同,产生种种不同观点和解决问题的办法。通过比较、对照、切磋,这之间就会有意无意地学习到对方思考问题的方法,从而使自己的思维能力得到潜移默化的改进。

创造性思维的培养

逻辑思维本身虽然不大可能像形象思维与直觉思维那样直接形成

灵感或顿悟。但是，时间逻辑思维又是创造性思维过程中的一个不可缺少的要素，这是因为，不论是形象思维还是直觉思维，其创造性目标的最终实现都离不开时间逻辑思维的指引、调节与控制的作用。

例如，上面提到的"大陆漂移说"尽管是起源于对世界地图的观察与想象，但是在20世纪初期曾进行过这类观察和想象的并非只有德国的魏格纳一个人，当时美国的泰勒和贝克也曾有过同样的观察和想象，并且也萌发过大陆可能漂移的想法，但是最终未能像魏格纳那样形成完整的学说。其原因就在于，这种新观点提出后，曾遭到传统"固定论"者（认为海陆相对位置固定的学者）的强烈反对。泰勒和贝克等人由于缺乏基于逻辑分析的坚定信念的支持，不敢继续朝此方向进行探索，所以最终仍停留在原来的想象水平上。只有魏格纳（他原来是气象学家）利用气象学的知识对古气候和古冰川的现象进行逻辑分析后，所得结论使其仍坚持原来的想象，并在这种分析结论的指引与调控下，对大洋两侧的地质构造及古生物化石作了深入的调研，终于在1915年发表了著名的《大陆和海洋的起源》一书，以大量的证据提出了完整的"大陆漂移说"。

又如，阿基米德在盆浴时发现水面上升与他身体侵入部分体积之间的内隐关系，固然是由于直觉思维（把握事物之间的关系）而产生的顿悟，但是这种顿悟并非凭空而来的。诚如第三章第五节所指出的，这是因为阿基米德事先通过逻辑分析、推理知道，如果是纯金的皇冠，由于其密度已知，在体积一定的条件下其重量很容易计算出来，再与皇冠实际测量出的重量相比较，即可确定皇冠是否用纯金制成。换句话说，只要能测量出其体积就能计算其重量，也就能据此判定是否掺有杂质，于是问题的关键就转化为如何测量皇冠的不规则体积。正是在这一逻辑思维结论的指引下，阿基米德才能把自己直觉思维的焦点指向与皇冠体积测量相关联的事物，才有可能在盆浴过程中

发生顿悟。而在此之前,尽管阿基米德也曾在千百次盆浴中看到过同样的现象,却从未能发生类似的顿悟,就是由于缺乏上述逻辑思维指引的缘故。

再如,"爱莲说"之所以具有永恒的艺术魅力,和净化人们心灵的强大精神力量,也绝不仅仅是由于作者的形象思维和作者的文采,而是首先和作者几十年来的人生感悟分不开——这种"感悟"是作者通过对社会上各种人际关系进行深刻的逻辑分析、推理后所做出的关于人生价值的判断,所以这种艺术魅力和精神力量也是和作者的逻辑思维分不开的。

以上事实表明,逻辑思维虽然不能直接产生灵感或顿悟(灵感或顿悟总是来自形象思维或直觉思维),但是对创造性目标的实现却有指引和调控作用,离开逻辑思维的这种作用,光靠形象思维和直觉思维,创造性活动是不可能完成的。泰勒和贝克等人虽然曾和魏格纳有过同样的观察和想象(即有过同样的灵感或顿悟),但最终仍停留在原来的想象水平,不能实现理论上的创新,其原因盖出于此。

学生思维力的锻炼游戏

电话问题

有一天晚上,一个朋友打电话给尼可,问他一个问题。尼可思考了一下回答说,这个问题我知道,告诉你吧!

但过了一会儿,另外一个朋友也打电话给尼可,问的也是同样的一个问题,但尼可却回答,你脑袋有问题吗!我怎么会知道呢!

特别说明的是,尼可和这两位朋友之间的关系都很一般,但他也不是在开玩笑。

请问:尼可到底被朋友问了什么样的问题?

答案:第一个朋友在晚上11点57分左右打电话问足球比赛的结果是怎样。过了1个小时左右,进入新的一天,另一个朋友又打电话过来问同样的问题。当然,此题的答案可以有很多种,这也只是其中的一种而已。

水草

一天晚上,王大刚跟他女友一块到河边散步。当他们正在河边走的时候,他的女友突然间掉进了河里,王大刚急忙跳到水里去找,可找了好长时间,还是没找到他的女友,他伤心的离开了这里。几年之后,他故地重游,当他再一次走到河边时,看到有个老头在钓鱼,可那个老头钓上来的鱼身上没有水草,他就问那老头为什么鱼身上没有沾到一点水草,那老头说:这河从没有长过水草。听了老头的话,王大刚突然跳到水里,自杀了。为什么?

答案:当年他跳进水里救他女朋友的时候,曾被女朋友的头发缠着腿了,但他以为是水草。今天突然明白过来,所以跳水自杀了。

聪明的司马光

司马光是我国一位名人。他小时候很聪明,思维敏捷,被大人夸为"神童"。有一次,有人出了一道题,在左手的4个指头上套上了1.2.3.4四根橡皮筋,问司马光能否在不取下1.2.3根皮筋的情况下,使第4根皮筋的位置发生变化,变到如图2所示的位置。小小的司马光想了一想,立刻说出了答案。你能解决这个问题吗?

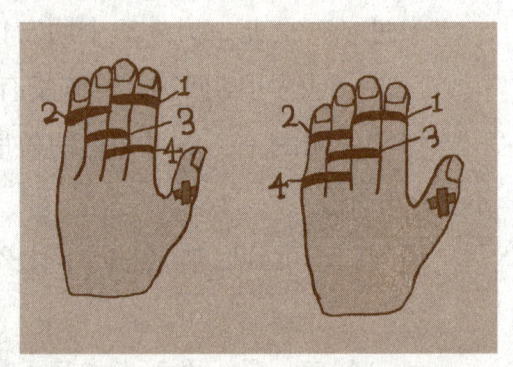

答案:将第4根橡皮筋拉长,越过4个指头,反套到另一侧即可。如图所示:

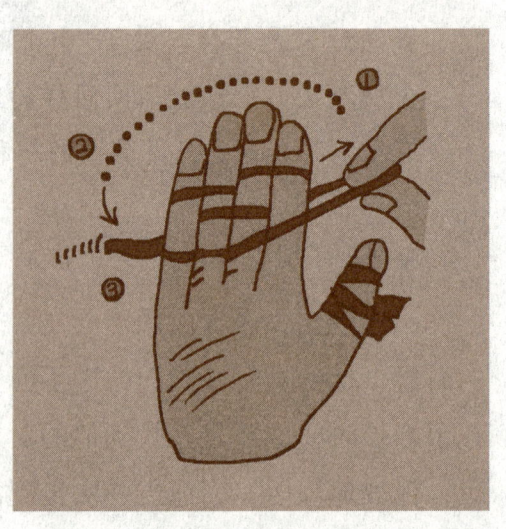

商场购物

小涛、小宇、小闯三个人约定周日一起去商场买东西。他们

各自买了不同的东西（书包、CD、英语词典、篮球等）。

请根据他们三个人所说的话，推断出谁买了什么东西。其中每个人的话都有一半是真的，一半是假话。

小涛："小宇买的不是篮球，小闯买的不是CD。"

小宇："小涛买的不是CD，小闯买的不是英语词典。"

小闯："小涛买的不是书包，小宇买的是英语词典。"

请问：他们三个人各买了哪些东西？

答案：小涛买了书包；小宇买了篮球；小闯买了英语词典。

雪地上的脚印

在一个寒冷的冬天，刚下过一场大雪，地上的积雪厚达30厘米以上。一个罪犯在自己的家中杀人后，穿过一片小树林，将尸体扛到了邻居一所正在建造中的空房内，转移了杀人现场。然后他又顺着原路回到了家中，并拨通了报警电话，装作若无其事的样子说发现一具尸体，可能是被人杀害了。

警察赶到后，迅速的对现场做了勘查，然后又查看了那个人往返现场时留在雪地上的脚印，便厉声的呵斥道："你在说谎，凶手就是你！"

你知道警察是怎么判断出这个人就是杀人凶手？

答案：警察是根据往返的脚印不同而做出判断的。因为罪犯扛着尸体时，由于重量增加，所以脚印就会比较深，而返回时空手而归，脚印就会比较浅。警察由此断定报案者就是凶手。

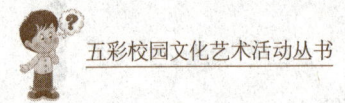

亲兄弟

在北京一个大杂院里，分别住着四户人家，并且每家各有两个男孩。在这四对亲兄弟中，哥哥分别是日、月、水、火，弟弟分别是A、B、C、D。一次，有位过路人看到这几个孩子正在一起玩耍，便上前问道："你们谁和谁是亲兄弟呀？"

他们的回答分别是：

月说："水的弟弟是D。"

水说："火的弟弟不是C。"

日说："月的弟弟不是A。"

火说："他们三个人中，只有D的哥哥说了实话。"火的话是可信的，听完他们的话，过路人想了好半天也没有想出到底谁和谁是亲兄弟，聪明的朋友，你能帮他想一想吗？

答案：日的弟弟是D；月的弟弟是B；水的弟弟是A；火的弟弟是C。由题知三人中，只有D的哥哥说的是真话，可推出月说的是假话。再根据月的话，可得知水也不可能是D的哥哥，所以，水的话也是假的。继而推出，日的一定是D的哥哥，日说的是实话。即月的弟弟是B，水的弟弟是A。

录取情况

王兵、张丽、马涛三人被北京大学、清华大学和北京师范大学录取，但是，他们分别被哪个学校录取的，还有很多人不知道，为此，他们的同学作了如下的猜测：

同学A猜：王兵被清华大学录取，马涛被北京师范大学录取；

同学B猜：王兵被北京师范大学录取，张丽被清华大学录取；

同学C猜：王兵被北京大学录取，马涛被清华大学录取；

结果，同学们的猜测各对了一半。

那么，他们的录取情况是

A 王兵、张丽、马涛分别被北京大学、清华大学和北京师范大学录取；

B 王兵、张丽、马涛分别被清华大学、北京师范大学和北京大学录取；

C 王兵、张丽、马涛分别被北京师范大学、清华大学和北京大学录取；

D 王兵、张丽、马涛分别被北京大学、北京师范大学和清华大学录取；

E 王兵、张丽、马涛分别被清华大学、北京大学和北京师范大学录取；

你认为哪个答案是对的？

答案：A

谁是男性谁是女性

张强夫妇有七个孩子，从老大到老七分别为甲、乙、丙、丁、戊、己、庚。现在，他们兄妹七人的情况如下：

1.甲有三个妹妹；

2.乙有一个哥哥；

3.丙是女的，她有两个妹妹；

4.丁有两个弟弟；

5.戊有两个姐姐；

6.己也是个女的，但她和庚没有妹妹。

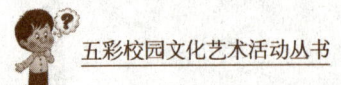

根据这些条件,你能推算出他们兄妹七人谁是男性,谁是女性吗?

答案:甲、乙、戊、庚为男性;丁、丙、己为女性。

真正的朋友是谁

玲玲是一个气质高雅、活泼开朗的女孩,所以,在她所在的班上,她是九个同学希望交往的对象,而这九个人中,有一个人是玲玲真正的朋友。以下是这九个人所说的话,假设他们中间有四个人说实话,那么,根据你的推测,谁才是玲玲真正的朋友?

A:我想一定是G。B:我想是G。C:我是玛丽的真正的朋友。D:以在说谎。E:我想一定是I。F:不是我也不是I。G:F说的是实话。H:C是玛丽真正的朋友。I:我才是玛丽真正的朋友。

答案:C是玲玲真正的朋友。要解答这道题需要按顺序来思考,首先假设答案是G、C或I,再依据"只有四个人说实话"这个条件,分别剔除不合适的人选。

有几个天使

有一天,一个旅行家在深山中行走,突然出现了一个美女,分别为A、B、C,她们要他判断她们之中有几个天使。可是他实在不知道哪个是天使,哪个是魔鬼。在他的心目中,天使常常说真话,而魔鬼则只会说假话。

A说:"在B和C之间,至少有一个是天使。"

B说:"在C和A之间,至少有一个是魔鬼。"

C说:"我告诉你正确的消息吧。"

那么,你能从她们的话中,判断有几个天使吗?

答案：有两个天使。分析如下：假设A是天使，那么A说的是真的。在B和C之间至少有一个是天使。那么B说有两种可能性。一种B的确也是天使，也就是说B说的也是真话，这样只能说明C是魔鬼。第二种情况是，B是魔鬼，所以B说的是假话，也就说A和C之间至少有一个天使。而在假设A是天使前提下通过A的话我们可以断定C一定是天使。所以从以上的假设和可能出现的两种情况可以推断出A、B、C中一定有两位天使。

赴宴会

有三对新婚夫妇住在同一幢楼里。一天，他们共同收到了一份请贴，要到西城区参加宴会，但是门外只停着一辆能容纳两人坐的小汽车，而且没有司机。每个丈夫都嫉妒心极强，随时都要保护他美丽的新娘，不让自己的新娘和别的男子在一起。

请问，他们三对夫妇该如何去参加宴会？最少要往返多少次？

答案：根据新娘在没有丈夫的陪伴时不许和别的男子在一起的规定，他们至少需要往返11次。

如何报案

史密斯先生在皇冠大酒店被一个歹徒挟持了，歹徒逼迫他给家里打电话，说他很好。史密斯先生拿过电话，说了下面一段话：

"亲爱的老婆，您好吗？我是史密斯，昨晚有点不舒服，所以没能和你一起去夜总会，现在好多了，多亏皇冠大酒店经理送我的特效药。亲爱的，你千万不要和我这样的'坏人'生气，我们会永远在一

起的,请您一定要原谅我的失约,我的病现在不是快好了吗?今晚赶到您家时再向您道歉。可别生我的气呀!那就这样吧,再见!"

可是,大约十分钟过后,正当歹徒准备带走史密斯先生时,警察突然出现在了他们的面前,歹徒不得不举手投降。你知道史密斯先生是怎么报的案吗?

答案:史密斯先生在打电话的时候做了手脚。在通话的过程中,他一讲到无关紧要的话,就用手掌心捂紧话筒,这样对方就听不到他在讲什么了,而讲到关键时刻时,他就松开手,这时,他的妻子就听到了这么一段"间歇式"的情报电话:"我是史密斯……现在……皇冠大酒店……和坏人……在一起……请您……快……赶到……"

谁送的礼品

在一个乡镇里,有五个爱喝酒的人,并且嗜酒如命。因此,他们每个便得了一个与酒有关的绰号,分别是"威士忌"、"鸡尾酒"、"茅台"、"伏特加"、"白兰地"。圣诞节到了,他们之中的每一个人,都向其他四个人分别送了一瓶酒。其中没有人赠送的是相同的礼品;每一件礼品都是他们中某个人的绰号所表示的酒;没有人赠送或收到的礼品是他自己的绰号所表示的酒。"茅台"先生送给"白兰地"先生的是鸡尾酒;收到白兰地酒的先生把威士忌酒送给了"茅台"先生;其绰号和"鸡尾酒"先生所送的礼品名称相同的先生把自己的礼品送给了"威士忌"先生。

请问:"鸡尾酒"先生所收到的礼品是谁送的?

答案:"鸡尾酒"先生所收到的礼品是"威士忌"先生

送的。"茅台"先生送给"白兰地"先生的是鸡尾酒;"白兰地"先生送给"威士忌"先生的是伏特加酒;"威士忌"先生送给"鸡尾酒"先生的是茅台酒;"鸡尾酒"先生送给"伏特加"先生的是白兰地酒;"伏特加"先生送给"茅台"先生的是威士忌酒。

铁板上的洞眼

有甲乙两个工程师接到相同的任务,叫他们依下面的条件在丁字形铁板上,设计应该打的洞眼。条件是:从铁板左端数到下面是11个洞眼;从右端数到下面也是11个洞眼。甲工程师很快就设计好了(如图)。乙工程师经过细心钻研,他所设计的,每块比甲少打两个洞眼,但仍符合上面的条件。乙工程师是怎样设计的呢?请你想一想。

答案:乙工程师的设计如图:

魔力棋牌

在一偏远的村庄里,有一个人很会玩牌,而且常常能变幻出不同的花样。所以牌到了他的手里,像有了魔力一样,他说是什么就是什

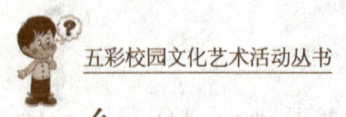

么。

有一天，这个村子里来了几位客人，这个人就拿出了做了标记的三张牌，三张牌是这样标记的：正面分别是"√"、"√"、"×"，反面分别是"√"、"×"、"×"。然后对他们说："我能在不看的情况下，从这三张牌中抽出一张，然后放在桌上，正面反面都无所谓。只要让我看一眼朝上的那一面，我就能说出朝下的那一面是什么标记，你们信不信？"对方摇头，于是，这个人又说了："我们打个赌，如果我说对了，你们给我100块，如果我说错了，不给你们200块。"那几个人认真看了下牌，上面的"√"和"×"各半，并且没有其他的任何标记。于是，纷纷说好。

那么，你觉得这个人有胜算吗？

答案：这个胜算很大。其实我们可以假设一下，如果朝上的是"√"，那么向下的是"√"或"×"的机会并不是一半一半。这是因为，朝下的是"√"的机会有两个：一个是第一张牌的正面朝上时；另一个是第一张牌的反面朝上时。而朝下的是"×"时，只有当第二牌正面朝上的时候才会发生，所以，回答朝上那面的图案，他的机会是2/3。

音乐会上的阴谋

某地要举行一场音乐会，邀请马克先生的徒弟登台演出。可是，直到音乐会开幕的当晚，马克对他的两个得意门生杰克和艾迪谁将首次登台独奏小提琴，仍然犹豫不决。开幕前的15分钟，马克终于做出了决定，让杰克出场。他将这个消息告知了杰克，让他准备一下，然后又将这个消息告诉了艾迪，看得出，艾迪很失落。

10分钟之后，马克去通知杰克准备出场。然而，当他推开门的时候,却发现杰克倒毙在了小小的化妆间,头部中弹,血流满地。马克慌忙走向舞台的侧门,将这一惨案报告给了正在值班的尼雷探长。

探长看看时间,开场的时间马上就要到了,就极力劝马克先别声张,让艾迪替他继续演出。然后他们一起走进了艾迪的化妆室,艾迪听到最后让他登台演出,并没有询问理由,也没有表现出过多的惊喜,他拉拉领带,拿起琴和弓,跟着马克一起走出了化妆间。

当正在如痴如醉地陶醉在艾迪优美的琴声中时,尼雷探长却拿起电话通知警察前来协助逮捕这位初露头角的小提琴手。

你知道探长是怎么知道艾迪是凶手的吗?

答案:艾迪事先已作好了演出准备,说明他对杰克的死和自己将要上场的事早已知道,这就证明他涉嫌谋杀。如果他事前不知道这些事,他上场应做的准备工作是用松香擦擦弓,并调好琴弦。

国王出的题

有一个牢房,有3个犯人(分别设为a,b,c)关在其中。因为玻璃很厚,所以3个人只能互相看见,不能听到对方说话的声音。

有一天,国王想了一个办法,给他们每个人头上都戴了一顶帽子,只叫他们知道帽子的颜色不是白的就是黑的,不叫他们知道自己所戴帽子是什么颜色的。在这种情况下,国王宣布两条如下:

1.谁能看到其他两个犯人戴的都是白帽子,就可以释放谁;

2.谁知道自己戴的是黑帽子,就释放谁。

其实,国王给他们戴的都是黑帽子。他们因为被绑,看不见自己罢了。于是他们3个人互相盯着不说话。可是不久,心眼灵的a用推理的方法,认定自己戴的是黑帽子。试着推一下,他是怎样知道的?(微

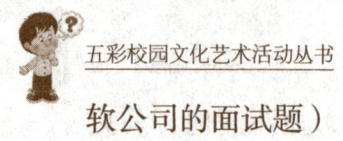

软公司的面试题）

答案：假设abc三个犯人a看到的是bc都戴着黑帽，如果bc中的一个知道他们戴着黑帽，那他们一定会先说出来，可是没有，为什么呢？假设a自己是白帽：在b看来就是一个白帽和一个黑帽，如果b是白帽，那么c会看到两个白帽，所以会先说出来，既然c没有说出来，b就会知道自己是黑帽，则b会先说出来，但是也没有；同样的在c看来就是一个白帽和一个黑帽，如果c是白帽，那么b会看到两个白帽，所以会先说出来，既然b没有说出来，c就会知道自己是黑帽，则c会先说出来，但是也没有。

综上bc都无法确定自己是黑帽子，即假设不成立，所以只能说明a是黑帽子。

张老师生日是哪一天

张老师有两个学生，分别叫小丽和小云。她们两个都不知道张老师的生日是哪一天，但她们都知道张老师的生日是下面十组中的一天：

3月4日、3月5日、3月8日；

6月4日、6月7日；

9月1日、9月5日；

12月1日、12月2日、12月8日；

而且张老师把月份告诉了小丽，把日子告诉了小云。然后张老师问："你们知道他的生日是哪一天吗？"

小丽回答："如果我不知道的话，小云肯定也不知道。"

小云却说："本来我也不知道，但是现在我知道了！"

小丽说:"哦!那我也知道了!"
问题是:请根据以上的对话推断出张老师的生日是哪一天?

答案:张老师的生日是9月1日。根据小丽的话,可以推断小云不能确定日子,那么小丽的日子必定是重复的,所以只能在3月和9月。加上小云的证实确定了月份是3月或9月,而且小强知道了答案,所以不可能是重复的5。因为3月还剩下两天,9月还剩下一天所以如果小丽知道的话,肯定是只有一天的9月。

小明属于哪个家庭

小明今年13岁,他的父母为他举办了一个小的生日宴会。在这个生日会上,有来自A、B、C三个不同的家庭的12个孩子,当然,也包括小明所在的家庭。在这里的13个孩子当中,有以下几个特点:

1.除了小明13外,其余的都不到13岁;

2.每个孩子的年龄都各不相同;

3.在1~13这13个数字中,除了某个数字以外,其余的数字都表示某个孩子的年龄;

下面,把每个家庭的孩子的年龄加起来,得出了以下结论:

A家庭:年龄总数是41,包括一个12岁的;

B家庭:年龄总数是23,包括一个5岁的;

C家庭:年龄总数是21,包括一个4岁的;

那么,请问小明属于哪一个家庭?

答案:小明属于B家庭。根据以上条件推断可得知:

A家庭的年龄组合为:8.10.11.12;

B家庭的年龄组合为：5.13.2.3;

C家庭的年龄组合为：1.4.7.9。

密码的学问

密码里面含有高深的学问，这里有一种密码只由A、B、C、D、E字母组成，而且密码的字母由左至右写成。下面是一系列的条件，而只有完全满足的才能组成密码：

1.每个密码的文字最短只为两个字母，可以重复；

2.密码的首个字母不能是A；

3.如果一旦B字母在某一密码文字中出现，那么，B这个字母就得在这一密码中出现两次以上；

4.C不可为最后一个字母，也不可为倒数第两个字母；

5.如果这个密码文字中有A，那么一定有D；

6.除非这个密码文字中有B，否则E不可能是最后一个字母。

问题是：

A 如果某一种密码只有字母A、B、C可用，且每个字只能用两个字母组成，那么可组成密码文字的总数是几？

a 1

b 3

c 6

d 9

e 12

B 下面给出的五组密码中，有一组是错误的，但是只要改变字母的顺序，它就可以变成一个密码文字。你知道是哪一组，怎么改吗？

a BBCDE；

b BBBAD；

c CADED；

d DABCB；

e ECCBB；

答案：A。a即可组成的密码文字的总数是1。自已知条件2.4.5可知，三个字母中A和C两个字母在这样的条件中是不可能有用场的。因此只有B一个字母可用；再根据已知条件3，可得知这样的密码文字只有BB一种。

B 正确答案为d。d组中的密码文字明显违反已知条件4，但只要将C与前三个字母DAB任一位置交换即可变成一个完全符合条件的密码文字。

酒吧凶杀案

某天的晚上，街上的一家酒吧里热闹非凡，每个台都是满人。其中的一张正方形桌子坐了A、B、C、D四人，正喝酒中，D却突然中毒身亡。于是其他三人随警察到警察局做调查，分别作出如下的供词：

A说：我坐在B的旁边，不是B就是C坐在我的右侧，这个人不可能毒死D；

B说：我坐在C的旁边，不是A就是C坐在D的右侧，这个人不可能毒死D；

C说：我坐在D的对面，如果我们当中只有一个人撒谎，那人就是毒死D的凶手；

警探根据他们的回答，又和酒吧的侍者进行了交谈，之后，证实了他们中只有一个人撒谎，也证实了只有一个人毒死了D。那么，请问：到底是谁毒死了D呢？

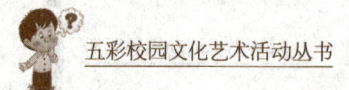

答案：是C。经过推断，三人的正确坐法是：

A

BD

C

哪位小姐喜欢养蛇

五位小姐，所穿的衣服颜色都各不相同，所有的小姐姓也不一样，喜欢养的宠物也不同，喝不同的饮料，吃不同的水果。翁小姐养一只狗，钱小姐穿红色的衣服；穿绿衣服的小姐站在穿白衣服小姐的左边；穿绿衣服的小姐喝咖啡；吃西瓜的小姐养鸟；穿黄衣服的小姐吃柳丁；赵小姐站在最左边；在中间的小姐喝牛奶；吃橘子的小姐站在养猫小姐的旁边；养鱼的小姐隔壁吃柳丁；赵小姐站在穿蓝衣服的小姐旁边；吃苹果的小姐喝香槟；江小姐吃香蕉；只喝开水的小姐站在橘子的小姐旁边；请问：哪位小姐喜欢养蛇？（不速之"题"的克隆版）

答案：解题步骤一：建立表格，位置很重要

	左	中	右
姓			
衣			
吃			
喝			
养			

左〖4〗中〖6〗右姓衣吃喝养解题步骤二：简单的逻辑判断，数据为过程

	左		中		右
姓	1赵		6钱		
衣	7黄	3蓝	6红	4绿	4白
吃	7柳丁				

喝				2牛奶	5咖啡
养		8鱼			

钱小姐穿红色的衣服	6
翁小姐养了一只狗	12
陈小姐喝茶	9
穿绿衣服的站在穿白衣服的左边	4
穿绿衣服的小姐喝咖啡	5
吃西瓜的小姐养鸟	13
穿黄衣服的小姐吃柳丁	7
站在中间的小姐喝牛奶	2
赵小姐站在最左边	1
吃橘子的小姐站在养猫的小姐隔壁	14
养鱼的小姐隔壁吃柳丁	8
吃苹果的小姐喝香槟	10
江小姐吃香蕉	11
赵小姐站在穿蓝衣服的小姐隔壁	3
只喝开水的小姐站在吃橘子的小姐隔壁	15

解题步骤三：9为假定，15为验证

	左		中		右
姓	1赵	9陈	6钱	11江	12翁
衣	7黄	3蓝	6红	4绿	4白
吃	7柳丁	14橘子	13西瓜	11香蕉	10苹果
喝	15开水	9茶	2牛奶	5咖啡	10香槟
养	14猫	8鱼	13鸟		12狗

答案：江小姐养蛇

心理实验研究表明，今天的普通人仅用了不足1%的脑力，像爱因斯坦这样的天才也只用了2%左右的脑力。多用脑，就会越聪明，这句话是真的。

猜国籍

有一次,吉米去参加一个大的国际型的户外活动。参加这次活动的,有来自好几个国家的人。现在知道:所有的英国人穿西装;所有的美国人穿休闲服;而没有既穿西装又穿休闲服的人。

那么对于穿休闲服的吉米,你认为下面的判断哪个是正确的呢?

A 吉米是美国人。
B 吉米不是美国人。
C 吉米是英国人。
D 吉米不是英国人。

答案:是D吉米不是英国人。穿西装的不一定就是美国人,不过可以肯定的是吉米不是英国人。

满地木屑

在一家大型的马戏团里,有两个侏儒,其中一个侏儒是瞎子,瞎子侏儒比另一个侏儒矮了那么一点儿。有一天,他们的老总告诉他们,因生意比较淡,他们也要裁员,所以,马戏团里的侏儒只能留下一个。而马戏团的侏儒当然是越矮越好了,于是,两个人决定,进行比个子,然后个子高的那个去自杀。可是,那个瞎子侏儒却在两个人约定比个子的前一天晚上自杀了。当人们在他的家里发现他的尸体时,看到他的家里只有木头做的家具和满地的木屑。请问:他为什么要自杀?

答案:他家里的家具被另一个侏儒锯了一小结,当瞎子回到家里时,因为看不见,他还以为是自己长高了呢,所以自杀了。

夜半敲门

张三一个人住在山顶的小屋里，这个小屋靠近山崖边。一天晚上，他洗漱完毕正准备去睡觉，却突然听到敲门声，于是，他走到门边把门打开，然而却没有看到半个人影，他以为是自己听错了，于是把门关上，继续睡觉。但一会儿，敲门声又响起，再去开门，却仍然没有看到任何人。如此几次下来，整个晚上他也没有睡好觉。

第二天，有人在山脚下发现了一具尸体，报案。几天之后，警察却把山顶的那个人给带走了，你知道是这是为什么吗？

答案：他间接造成了那个人的死亡。这是因为有人从下面爬至山顶上敲门，他一开，就把那人又撞下去了，如此几次，爬山的人就被活活摔死了。

夏日拍不出的照片

2000年5月7日中午，日本横滨市内的某居民区发生了一起抢劫分尸案，在警方的多方面努力下，几天后，终于找到了嫌疑犯。可是此嫌疑犯特别的狡猾，不得不请来名侦探金田一耕助来协助破案。当金田一耕助问嫌疑犯要他当天不在现场的证明的时候，他交出了一张照片，并说："那天，我去了日本关岛上最有名的三景之一的严景神社。这张照片就是那天请一位也来旅行的女学生给拍摄的。"金田一耕助看着照片，上面有长着美丽、长角的梅花鹿，很多的游客在观看。但抓着一头乱发的他却干脆地说："甭用假照片骗人，这是秋天或冬天拍的。"你知道金田一耕助一看照片就识破了谎言的原因是什么吗？

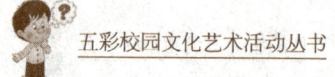

答案：因为梅花鹿只有雄性会长角。鹿角春天脱落，而后又开始长出新茸。新茸包在皮里渐渐地长大，到深秋才从皮里裸露出来。若照片是5月7日拍的话，不会拍出长角的梅花鹿。

孪生姐妹

前天，小花和小明一起玩的时候，小花给小明出了一道题，题目是这样的：有一对孪生姐妹，姐姐出生在2001年，而妹妹出生在2000年。小明想了好几天，怎么想不出头绪来。于是他问爸爸，小花是不是在撒谎。爸爸听后，笑了起来，说："小花没有撒谎。"于是爸爸对小明说明原因，小明一下子全明白了。

请问：这原因是什么呢？

答案：这是因为姐姐是在2001年1月1日出生在一艘由西向东将过日界线的客轮上；而妹妹则是在客轮过了日界线之后才出生的，那时的时间还是处在2000年12月31日。所以，如果按照出生的日期来讲的话，妹妹要比姐姐早一天出生。

半根火柴

有几个人结伴行走在沙漠中，突然其中的一个同伴说："你们看，那是什么？"大家随着他的目光看下去，只见是一个头朝下，身子做着奇怪动作的一个人。等大家走上去一看，这人已经没有了气息，死了。在他的身边散落着几个行李箱子，有的都已经开了，露出里面的生活用品和一些吃的东西，而这个人的手里紧紧地抓着的却是半根火柴。他们几个都很想知道这个人是怎么死的，那么你能告诉他们吗？

答案：热气球故障。几个人乘坐热气球旅行，路过沙漠，气球突然漏气，很危险。于是大家把行李全都扔下去了，还不行。只好扔下去一个人，大家决定拿几根火柴决定，谁抽到半根的把谁丢下去，这个可怜的家伙抽到了那根短火柴，结局就是我们看到的那样。

笨人俱乐部

笨人俱乐部是1929年成立的，位于美国堪萨斯州。这个俱乐部办了一所"笨人大学"，请的也是最笨、最没用的人当校长的。一天，这个校长收到了州长赠送的一只重140磅的西瓜，为此，这个大学展开了一个讨论，师生一致认为这个瓜不是西瓜，而是一个"笨瓜"。因为堪萨斯州的西瓜过去最重的只有134磅。

不久，这个大学又做了一个学术研究，研究的成果之一是：鸡是植物。他们认为，鸡蛋是鸡生的，可以说鸡是"鸡蛋工厂"。而且在英文中，鸡蛋是"egg"；工厂是"plant"，而鸡蛋工厂也就应该是这两个英文单词的合成了，即为："eggplant"。所以，称之鸡蛋工厂的鸡也就应为"eggplant"了。但是，"eggplant"一词在英文中却是"茄子"的意思，而茄子是植物，既然茄子是植物，所以，他们认为鸡也是植物。

请问：西瓜到了"笨人大学"的师生却被否认是西瓜；是动物的鸡也被他们根据"eggplant"的词义，让鸡从动物却变成了植物。他们的这种推理说明了什么逻辑问题？

答案：他们的推理属于逻辑学中的概念问题。这是一种典型的玩弄语源学的语词把戏，也是一种随意曲解和混淆语词所表达的概念的逻辑错误。西瓜所以是西瓜，这是由它的本质属性所决定的，至于西瓜的轻重则是非本质属性。134磅重的是西瓜，140磅重的也是西瓜。而"笨人大学"的师生用西瓜的轻重来衡量它是否是西瓜，正说明他们根本不懂概念这种思维形式是用来反映事物的本质属性的。而他们说鸡是植物，更是完全否定了一个语词的确定涵义，否定了一个语词与它所表达的概念之间的确定关系。

张先生的未婚妻

小赵、小钱、小孙、小李和小周五位女士是张先生的好朋友，他们经常在一起聊天。而在这五位女士中，有一位是张先生的未婚妻。下面是这五位女士一些客观条件，据此来判断哪个才是张先生的未婚妻？

1.在这五位女士当中，有三位女士小于三十岁，其余两位女士大于三十岁；

2.其中两位女士是教师，其他三位是秘书；

3.小赵和小孙属于相同年龄档；小李和小周属于不同的年龄档；

4.小钱和小周的职业相同；小孙和小李的职业不同；

5.张先生的未婚妻是一位年龄大于三十岁的教师；

你得出答案了吗？

答案：小李才是张先生的未婚妻。因为根据上面的条件可知，小孙和小赵的年龄档一定有三人，那么她们都是20多岁。剩下的小钱和小李就是30多岁。同理又可推出小钱、小周都是秘书，小赵是教师，但她的年龄不符。所以，结果是小李。

企鹅肉

男孩、女孩是一对情侣，一天，女孩为男孩做了一道特别的菜——企鹅肉。男孩越吃觉得味道越怪，于是，他向女朋友确认："这是什么菜？真的企鹅肉吗？"女孩肯定的回答他说是的。男孩径自沉思了起来，任凭女孩怎么叫他……一会儿，只见这个男孩却突然痛哭了起来，第二天，室内发现他的尸体，男孩自杀了。

请问：这是为什么？

答案：几年前，这个男孩曾经和他的前女友一起去南极考察，路中，他们的船沉了，食物也吃完了，前女友就给他做企鹅肉吃，因为这样，男孩活了下来，但他女友的身体却渐渐削弱，直至最后死去。直到现任女友再次给他做这道菜时，他才明白过来，他当时吃的不是企鹅肉，而是女孩的肉……所以，他自杀了。

判断血缘关系

尼可是一个可爱的大男孩，一天，他和他妹妹相约一块在街上散步。这时，尼可突然想起他可爱的小外甥，于是，就对他妹妹说："我亲爱的小外甥就是前面那家快餐店里打工，我想去看看他，顺便买些东西给他。"

"哦！我可没有什么外甥可以看。"说完，他妹妹就先走了。

问题是：尼可的妹妹和那位神秘的小外甥是什么关系呢？

答案：尼可的妹妹是那位神秘外甥的妈妈。

N06. 学生想象力锻炼指导

想象力的定义与形式

定义

想象力是人在已有形象的基础上,在头脑中创造出新形象的能力。比如当你说起汽车,我马上就想像出各种各样的汽车形象来就是这个道理。因此,想象一般是在掌握一定的知识面的基础上完成的。

想象力是在你头脑中创造一个念头或思想画面的能力。在创造性想象中,你运用你的想象力去创造你希望去实现的一件事物的清晰形象,接着,你继续不断地把注意力集中在这个思想或画面上,给予它以肯定性的能量,直到最后它成为客观的现实。

想象力的伟大是我们人类比其他物种优秀的根本原因。因为有想象力,我们才能创造发明,发现新的事物定理。如果没有想象力我们人类将不会有任何发展与进步。爱因斯坦之所以能发现相对论,就是因为他能经常保持童真的想象力。牛顿能从苹果落地,而想象到万有引力这一个科学的重大发现都是因为有了想象力。

根据现代科学推论人类最早的想象力原于火,我们的祖先曾经过着和动物一样茹毛饮血的生活,食物都是生吃。一次闪电产生森林大火烧死了很多动物,我们的祖先跑了出来,也有部分烧死在森林里面。因为肚子实在太饿,他们只有拿那些烧熟的以死亡的动物来吃。这一吃他们发现竟然很好吃,煮熟的食物能让人体更好的吸收营养。另一方面动物体内的寄生虫也因为火的作用而杀死从而减少人类疾病的发生。

食物的吸收产生大脑含量的增加。我们的祖先看着跳动的火苗就开始七想八想的，想怎么样把火保持下来。想怎么样利用火取暖。想怎么利用火去干一切对自己有利的事情。这样，渐渐就通过想象力创造了文字、语言、科技，发明一些新的事物。如火烧过的食物使人类体能增加，其他动物都是很怕火的，我们的祖先就利用火战胜了这些动物。能力的增加又使他们开始对未知事物感兴趣，于是就开始了探索之路。

所以我们全人类都应该感谢：火。

因为火我们人类的祖先才能走到今天这样的面貌。没有火也就没有我们人类今天的面貌，是火使我们人类成为地球上高等智能生物。海洋里面有没有比我们更聪明和更厉害的生物，暂时还不知道，只有能等待着你我去探索发现和研究才能解开这些未解之谜。

形式

在谈想象力的培养前，我们首先来看想象力的几种形式。

1.空间想象力

空间想象力主要是指在头脑中要能浮现出真实物体的形状或形象。前面说的建筑师由于要考虑房子的三维形状，发达的空间想象力肯定是必不可少的。类似地，机械工程师同样要考虑各种零配件的形状，以及这些零配件组合状况，甚至还要考虑一套机械系统运动起来的状况，这些都要在头脑中进行，这当然也是空间想象力。

2.搜索联想

在头脑中进行搜索联想，考虑采用什么。比如爱迪生在发明点灯时，不断在头脑中考虑采用什么材料做灯丝。而一个流落荒岛的人，手边没有刀，但他需要一个切割东西的利器，他在头脑中进行了一番搜索联想，最后采用了一块石头将其打碎后，然后挑取其中一块比较

锐利的薄碎片，这样他就有了切割工具。司马光救人时，在头脑中迅速地联想，然后想到了采用一块石头来砸碎缸。一群人到野外游玩时，要喝饮料却发现没有吸管，这时候其中一个人在麦田中折了一根麦管，这样变通的想法也很有想象力。

还有这样一个例子，一个年轻人在工程队中从事道路施工的工作，当工程队挖坑修路时需要一个红灯泡来提醒路人。但是不巧，正在修路时却发现红灯泡没了，只有普通的灯泡。在别人不知该怎么办时，这个年轻人想出了一个主意，他找了一块红布将灯泡裹上，这样就起到了红灯泡的作用。这个年轻人显然很有想象力，他最后发展得很不错，受到了提拔重用，从一个普通的员工变成一个独当一面的领导者。

3.自动组合

在头脑中将采用的各要素进行组合。比如，时装设计师会在头脑中考虑采用什么样的面料，什么样的颜色，什么样的款式，然后将这些面料颜色款式等要素不断在头脑中进行组合变化，最后在头脑中形成一套搭配合理、令人赏心悦目的服装。

音乐家在作曲时，会在头脑中反复想象，将不同的音符组合成一段美妙的旋律。然后又能将若干段旋律组合成一只好听的曲子。在考虑演奏这首曲子时，还要在头脑中反复实验来确定由什么样的乐器来演奏，哪一段旋律应该有什么样的乐器组合在演奏。这样的组合实验是在头脑中反复进行的，如果没有较为发达的想象力，是不足以胜任的。

对于舞蹈设计者而言，他们所要考虑的组合是手臂的姿态、腿脚的姿态、躯干及头的姿态之间的组合，这些不同的组合组成了千变万化的舞蹈动作。而如果是集体的舞蹈，则舞蹈演员在舞台上形成的不同位置组合又会形成不同的舞蹈场面。显然，舞蹈的创作是需要舞蹈设计者在头脑中反复编排的。

而足球教练员会在头脑中考虑该如何从数十名乃至于上百名球员中，挑选出一个11人组合方案来进行比赛，而这11人在场上又可以形成不同的位置组合阵容。这种组合方案是有非常多的选择的，如何确定最适合比赛的阵容，需要在头脑中不断模拟、反复进行。

富有想象力的厨师，会将别人意想不到的配料搭配组合在一起，并且在各种配料的先后烹饪顺序（即火候）上也有独特的创新。而平庸的厨师则是仅仅按照既有的菜谱，循规蹈矩地重复着以往的程序。

孙膑的"田忌赛马"也是如此，本方有三种马，对方也有三种马，如果进行较量会有很多种组合次序，但孙膑在头脑中进行一番组合，排出了"优对良，良对劣，劣对优"的组合次序，这样的方式显然比一次赢一次。

前面家庭主妇做家务的例子也是如此，她如果考虑好了做家务的时间次序组合，则省时省力。如果没有排好次序组合，则效率大大降低。

看过了家庭主妇的例子，再来看看雄才大略的朱元璋。在平定南方后准备北伐之际，朱元璋与手下讨论如何进行北伐。常遇春说，直接集中兵力去攻打元都。朱元璋却说不可，他认为：元朝百年都城，防御必严，工事必坚，假定大军孤军深入，元军断我粮道，攻城非一日可克，元朝四方援军可至，进退无据，大事去矣。故宜先取山东，撤掉大都屏风；回师下河南，断其羽翼；进据潼关，占其门户。待彻底扫清其外围据点，确保粮道畅通，再进围大都，自然水到渠成，手到擒拿。由上可以看出朱元璋过人的想象力。如何北伐有很多种进攻路线或很多种进攻策略，但朱元璋发达的想象力却使其能够在头脑中将这些进攻路线一一模拟出来，摒弃掉不利于己方的进攻次序，然后审时度势地选择出最好的进攻次序，从而保证了北伐的顺利进行。

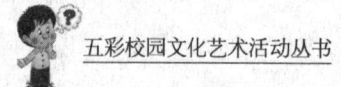

4.综合考虑

在做事前,应对可能发生的事情有所预料,并采取相关对策。比如两个棋手下棋,水平高的就要考虑自己走一手棋后,对方该怎么走。如果对方走马怎么办,如果对方走车怎么办,如果对方出杀招该怎么办。如果对于对方的种种走法不加考虑的话,那是无法提高自身的棋力的。国际象棋、围棋也是如此,国际象棋冠军卡思帕罗夫能够同每秒运行数万亿次的"深蓝"一较高下;职业围棋选手李昌镐、常昊这样的高手不仅能够在走每步时考虑种种情况,甚至能把这种考虑延伸到百步开外,他们发达的想象力着实令人叹为观止。

另外,一个打入敌方的特工人员,更要考虑种种情况。他要考虑当敌人盘问自己时该怎么回答,当敌人故意考验自己时该怎么办,当与敌人在一起时却遇到不明真相的自己人该怎么办等等。只有反复在头脑里想象过这些情况,特工人员才可能保护好自己并且完成好任务。

一个工程师设计电梯时,工程师也要考虑种种情况。比如当电梯停在8楼时,15楼有人摁钮之后,9楼又有人按钮,这种情况该怎么处理;当上升的电梯正要运行到9楼时,7楼和13楼的人同时按钮怎么办;当同一楼层有人连续按动了好几次的按钮该怎么办等等。电梯并非是高科技产品,但我们仍可看到电梯的设计具有相当的复杂性。

再比如古代一个带兵打仗的将领,当他安营扎寨时,必须考虑各种情况的发生,如敌人派奸细混入怎么办,如敌人夜袭怎么办,如敌人火攻怎么办,如敌人骚扰怎么办等等。这些情况都应在头脑中进行模拟,然后制定出一个较为完善的驻扎方案。如果毫不考虑,一旦有情况发生,则会手忙脚乱、自乱阵脚。

而在现代战争中,情况更为复杂,无论攻防都需要考虑更多的因素。朱可夫在指挥气势恢弘的斯大林格勒保卫战时,他要在头脑中反复地演练攻防的场景，反复地考虑敌方会采取什么样的行动，以确定自己的兵力该如何配置，防御该如何展开。而敌方将领也在绞尽脑汁地考虑如何能进攻得手。双方的较量从某种程度上来说，就是各自统帅的想象力的较量。最后，朱可夫更胜一筹，不但成功地挫败了德军的进攻，而且还指挥苏军成功地转入了反攻。

5.头脑演示

小说家、科幻作家、编剧、导演的想象力主要是这一类型的，他们要在头脑中考虑人物的音容笑貌，想象故事的发生发展，这是一种比较标准的"在头脑中模拟事情发生发展"的想象力形式。

我们注意到，许多事情所需要的想象力实际上并不是单一的形式，而是表现出很多形式，比如上面足球教练，他既要在头脑中演练战术组合，也要考虑比赛过程中出现的种种情况。而作家不仅要能在头脑中展开故事情节，其还需要在动手写作时进行词语的排列组合以形成顺畅的语句，还要反复在头脑中模拟整个小说的结构该如何搭配。其他如电影导演、总工程师、战役的统帅等等都是如此。

以上所谈及的各种想象力的形式并不能涵盖所有的想象力，但不管是怎样形式的想象力，它们都有一个共同的特征，那就是在头脑中模拟事物的形象、模拟事情运行，以及在头脑中反复做实验。

想象力的技巧与重要性

运用想象力的技巧

想象力的运用是需要脑力的耗费的,也就是说形成一个方案要进行大量的搜索、联想以及反复组合等等思维形式。这些耗费过大的话,会令头脑的运行空间发生"内存溢出"的现象,也就是说运行空间不够了,运行不过来了。因此,有必要在运用想象力时采用一些技巧,以使得我们的想象力更有效率。比如说,在进行搜索联想时为不致使搜索的范围过大,可以优先搜索与我们距离很近、就在手边或很方便采用的东西,这样就大大减少了搜索范围。比如司马光的故事,他即是采用了身边的一块石头解决了问题。

另外,前面说的"组合方式",如果需要组合的要素太多,则最后的组合无疑是个非常巨大的数目。这会使头脑不堪重负,头脑的运行空间不足以运行这些变化。但如果我们注意到许多组合是无效的,那就不要考虑这些组合。我们只需要考虑有效的组合就可以了。比如,有这样一道智力题:

将下列拼音字母拼出一个属于首饰的两个字词语:

i a g i n l a x n

显然,这些字母如果进行任意组合,其组合数目是非常庞大的。我们的头脑在短时间内进行这样大量的组合是有一定困难的。但如果我们注意到其中的声母x及l仅能放在拼音的首部,那我们只要寻找拼

音开头为x及l的拼音组合就可以了,而对于开头不为x及l的拼音组合我们可以不予考虑,显然以这两个字母开头的拼音组合数目就比总的组合数大大减少了,这样我们就会相对容易地确定出"项链"两个字。

前面所谈的一种想象力形式是"考虑种种情况",而如果要考虑的情况过多的话,这时应该将这些情况适当地分类或条理化一下。比如上面的电梯设计,对于停在8楼的电梯,工程师要考虑9楼有人按钮,10楼也有人按钮,12楼有人按钮;他还要考虑7楼有人按钮,5楼有人按钮。这时我们可以将这些情况归类为更高的楼层有人按钮,以及更低的楼层有人按钮。这样就简化了情况。

同样,在下象棋时,当考虑对手可能要走哪一步时,显然对方有太多的选择,所以自己需要考虑的情况实在太多。这时可以将所有情况归为几类:考虑对方有没有威胁到己方将帅的杀招;考虑对方有没有吃自己棋子的招法;考虑对方有没有改变局势的招法。在实战时,优先考虑第一种情况,然后再考虑第二种及第三种情况,这样就使问题得到了相当的简化,从而使得想象力更有效率。另外,当面临种种情况时,要优先考虑常见的情况,然后再考虑不太常见的情况。

还有,当遇到问题或需要完成的实际任务时,如果以往有过类似的成功解决问题的经历,那么要首先考虑一下,将以往的方案适当变通一下,以看看是否满足当前的情况。

如果问题特别复杂,头脑的空间已不足以运行,可以考虑用纸笔作记录,这样就可减少头脑的负担。

培养想象力的重要性

站在一个功能化的立场来看,我们的智能可能被过于简单地描述为以下方面:

(1)吸收功能——观察和施加注意力的能力。

(2)记忆功能——能够记住和回忆的能力。

（3）推理功能——能够分析和判断的能力。

（4）创造功能——能够形象化、预见和产生点子的能力。

如今的"电脑"在某种程度上可以执行上面的头三项功能。但是，尽管如此，似乎可以确定的是：永远也没有机器可以想出点子来。尽管阿尔贝特·爱因斯坦的声明——"想象力比知识更重要"也许会遭受质疑，但几乎显而易见的是，当知识被创造性地应用时，它会更强大有力。

创造性想象的潜在能力几乎是无限的。举例来说，法国"科幻小说之父"儒勒·凡尔纳几乎一直呆在他宁静的住所里，不过他发现，自己的想象力能够将他带到海角天涯，去到水下1万英尺的地方，甚至遨游到月球。那些对其想法嗤之以鼻的人，儒勒·凡尔纳所做出的反驳是："不论一个人的想象力有多厉害，其他人也一样可以做到。"

70年前凡尔纳想象出的潜水艇，在如今，成了真实的事物。除了一点不同——现在的潜水艇靠原子能供应动力。

长久以来，最伟大的思想家们都认同，事实上，人类头脑的原始能力是想象力。他们赞成莎士比亚的结论，这种上天所赋予的潜能使得人类"从动物中脱颖而出"。

社会文明本身就是创造性思维的产物。至于想法在人类发展进步中意味着什么，英国作家约翰·梅斯菲尔德写道："人的身体有缺陷，其心不可知，但其想象力使之出人头地。数百年来，人的想象力使得在这个行星上的生活，成为对所有更加有趣的能力的一场激烈的实践。"

一位耶鲁大学的教授评价说，感谢由人所创造的机器，如今他能够雇用到的一个平常人的工作能力相当于120个奴隶的劳动力。

查尔斯·克德林确信，这种进步能够继续下去，他说："每一次你撕下日历上的一页，你就为新点子和发展进步腾空了一个新的空间。"

想象是智慧的翅膀,是思维的特殊形式,是创造的前提。想象可以使人"思接千载,视通万里",就是说想象可以打破时空的界限,使人的心理更为丰富充实。如果没有想象,人们的活动就无法进行创造和提高,也不可能事先在头脑中构成关于活动本身及其结果的各种表象。人们对未来的预见,一切科学上的新发现、新发明,新的艺术作品的创作,各种科学知识的学习等等,离开想象力都无从谈起。

想象力在人们认识世界和改造世界的活动中起着十分重要的作用。人们在改造世界的劳动中,不断地遇到新问题,不断地有新的发现,不断地有新需求,正是因为人们有了许多奇特的想象,再加上"敢想敢干"的大无畏精神,所以,新生事物层出不穷,从而推动着人类文明的进步和发展。

人类看到鸟儿在蓝天上飞翔,从此,向往蓝天,梦想腾飞。无论是诗仙李白的千古绝唱"安得生羽毛,矫翼思凌空",还是明朝万户飞天的壮举,都体现出人类由古到今做着同样美丽的飞天梦。

上世纪初,随着美国赖特兄弟的飞机升空,由此看到了飞天技术的广阔前程,经过几百年来不懈的努力,人类对航空、航天领域的探索取得了辉煌的成就,从苏联的加加林首次飞向太空,到中国的杨利伟、费俊龙、聂海胜神五、神六号载人飞船飞向太空,人类航空、航天事业飞速发展,谱写了一曲曲征服宇宙的壮丽颂歌!实现了人类的飞天梦想!

建国初期,人们对于"电灯电话,楼上楼下,点灯不用油,耕地不用牛……"只能是一种美好的幻想,才短短的40多年,我国城乡建设飞速发展,高楼大厦比比皆是,现代化的移动通讯连通全球,拖拉机、收割机等大型农业机械代替了昔日落后的生产方式,当年的梦想变成了活生生的现实。

可见，想象力在人的思维中用处极大，它无处不在，无奇不有。特别是在文学领域，许多事物，包括某些人物形象都是想象的结果。如儿童卡通故事，恐龙、怪兽、超人、奥特曼、外星人……都是作者虚构的超出人类思想的怪异形象。但是，它在孩子们的眼里却是力大无比，无所不能，无往不胜的英雄。这在现在看来只是一种美好的想象，也许不远的将来，人类会在这种想象的启发引导下，真的与外星人取得联系，将会跨星球去旅行！

想象力推动历史进程的实例枚不胜举。大量的事实证明：想象力可以激起人们对美的遐想，可以给人带来美的享受，它是理想的化身，它是未来的蓝图，只要"敢想敢干"，就能心想事成。没有想象，便没有文学艺术，便没有创造发明，便没有科学预见，便没有社会的进步。

想象力如此之重要，它是思维的翅膀，是创造的起点，是创造的核心。它是每个人都应该具备的一种最基本的思维能力。

学生想象力的训练方法

想象力是整个学习能力的核心，想象力提高了，其它学习力也会跟着提高。反之，想象力下降了，其它能力也会跟着下降。

因此，想象力训练是提升学习能力，同时也是深入开发大脑潜能的关键！

想象力训练的方法很多，要达到最大的效果，需要把握三个原则：快速、清晰、敏锐。

快速：是指想象的速度要快，要尽可能地快，要挑战自己的速度极限。例如，1分钟内记住100个无规律的数字；20秒内把圆周率100位快速背诵出来等等。

清晰：是指想象的图像要尽可能的清晰。曼陀罗卡的训练，对于这方面会有很大的帮助。额前的屏幕想象也是非常有效的一个方法。当然，这些方法对于青春期以前的学生会更容易一些。另外，艺术家（尤其是画家）往往具有非常清晰的想象能力。

敏锐：是指能够调动出丰富的感觉。例如，当你想象一个苹果的时候，不仅可以清晰地看到这个苹果，而且能够闻到苹果的清香，甚至能体会到酸甜的感觉，能体会到用手摸上去的光滑的感觉等等。

把想象力的快速、清晰、敏锐这三方面都训练到极致，大脑的潜能就会被激发出来，许多不可思议的能力就会陆续出现。有兴趣的朋友不妨多训练、多体会。

在有限的范围中，要讨论出一个根本地改善想象力的方法，时间实在不够充分。以下，就尽可能地介绍几种既简单又能够提高想象力的方法。

(1)看看天花板的污渍或云朵的形状，然后在脑海中描绘出它的形象。不光只是做一次或两次，做了几次后，就会出现效果。

(2)在公共汽车车厢，看见某杂志周刊的广告，或是看了某本书的题目，便想象其中的内容，然后，与实际的内容做一比较检查，如此一来，就可以充分地把握自己的想象力。

(3)看书时，采用跳读方式；跳过的地方，运用想象力想象它的内容。

(4)看过电视转播的运动比赛以后，想象第二天报纸的标题，以及报导内容。

(5)以琐碎的小事和资料为基础，创造出一个故事。

(6)和人见面以前，事先预想会面对的状况，并且设想问题。

(7)对于尚未去过的地方，想象它周围的风景，建筑的样式，以及室内的建设。

(8)边看推理小说，边推测犯人。

(9)从设计图、地图、照片，想象实际的情况、实际的地方和事物。

(10)重视联想。如果开始联想，中途绝不要打断，要一直想到极限。这种飞跃性的联想是个好办法。

（11）将自己沉浸在另一时空中。读一部好的历史小说或科幻小说，自己往往会在突然的一瞬间，脱离了现代，陷入一种生活在过去或未来世界的错觉，这时候，过去、未来是非常有变化的，鲜明的形象会浮现在脑中。这种感觉，可以称为"时间器的感觉"。自己如果生活在过去或者未来，会是怎么样的情况呢?思索着、思索着，过去或未来的形象便丰富地浮现在脑中了。从现在到未来，从过去到现在，从未来到现在，如此这般，自由自在地想象不同的时间，让自己的想象在另一时空里渡过。这都是时间器的感觉。

从时间器的观点来看，过去和未来是同样的一件事；只不过是目的地不一样而已，就像从北京出发，到广州，或者到海口，这一点不一样罢了，其他不都相同吗?将自己沉浸在过去或未来的时间中，体会一下时间器的感觉，会将时间向过去和未来两个方向延长。这样一来，便可以扩大管理者的生存时间，开发管理者的时间，还有，也将使先见之明和对未来的时间感觉更加敏锐。想要使对时间器的感觉更为敏锐，还是必须发挥丰富的想象力。

爱因斯坦是一个形象——手中拿着一面镜子，乘着光飞进宇宙。这正是时间器的感觉。爱因斯坦从这个形象中获得启示，累积了无数的实验和理论计算，终于产生了相对性理论。想象力是必要的，不仅艺术家或文家需要它，而且人人都得具备。回溯过去也是一样的情况，若是一味地死读史实以及书本的知识，不从这个范围中跨出一步，那么，永远也不会产生时间器的感觉。

让想象力自由发挥，让历史上的事件浮现在脑中，洞察历史上的每一位人物的言行举止，以及他们的心理——这是种必要的感觉。

学生想象力的锻炼游戏

小宁的愿望

一日,琳要去和同学聚会,可她的妹妹小宁却吵着要去,琳就灵思一动,从桌上拿出20根火柴组成了5个小正方形,并告诉小宁只要她能把它变成9个正方形就同意她去(但只能移动其中的3根火柴)。

请问:小宁该如何移动才能达到自己的愿望?

答案:如图所示:

小宁只需要将右上角那个正方形的3条边分别移动上中下3个空缺处即可。

图中总共有7(小正方形)+2(大正方形)=9(个正方形)

如何过河

甲门前有一条小河,为了出入方便,甲决定去搭桥,已知小河呈直角形(如上左图),河宽3m,正好甲家里有两块木板也是3m长,但却没工具可以把这两块木板接起来。

请问:你能帮甲搭起这条小河吗?

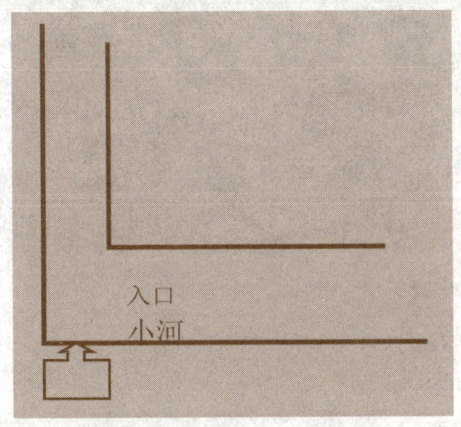

答案:你只要按照如上右图的方式所搭桥,甲就可以顺利过河了。

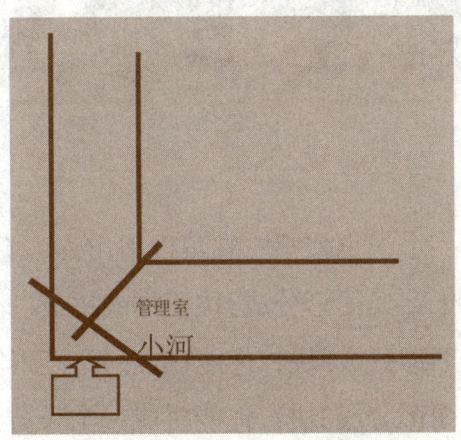

如何变成13个人

12个人按照下图的位置进行站立，但是如果你有着一定的观察力，拿起你手中的笔，一横一竖两条线，然后让其中的两部分进行交换，就会让12个人变成13个人，那么一横一竖两条线该怎么画，又该让哪两部分进行交换呢，交换后的图片是什么样子？

答案：如右图

巧拆十字架

你曾试过拆解一个十字架吗？它可以引出许多有趣的切割问题。

请问：●若将十字架图形分成4块，你能拼成一个正方形吗？

●若将十字架图形分成3块，你能拼成一个菱形吗？

●若将十字架图形分成3块，你能拼成一个长方形，并且长是宽的2倍吗？

答案：● 若将十字架图形分成4块，所绘出的一个正方形如图：

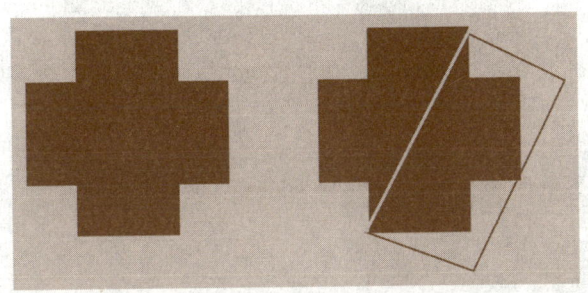

● 若将十字架图形分成3块，所绘出的一个菱形如图：

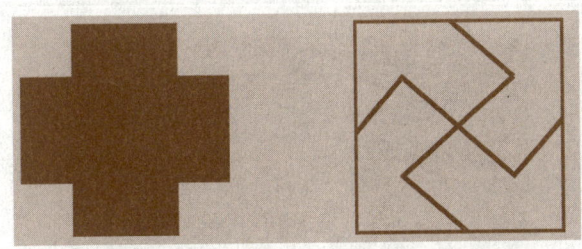

● 若将十字架图形分成3块，所绘出的一个长方形，并且长是宽的2倍如图：

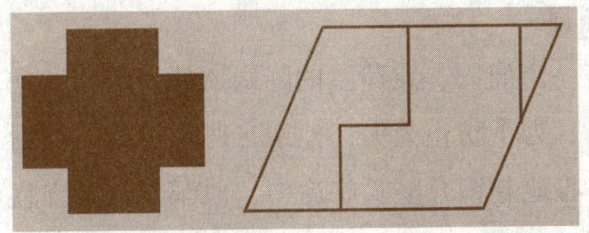

巧动笑脸

A手里有十个笑脸图案的玩具，被他组成了一个正三角形。

请问:如何只动三个笑脸,就能把这个三角形给倒过来,作图来解。

答案:如下图所绘,只要把三个角的笑脸分别移动到圆圈的位置就可以了(图中苦涩的笑脸代表所移动的位置)

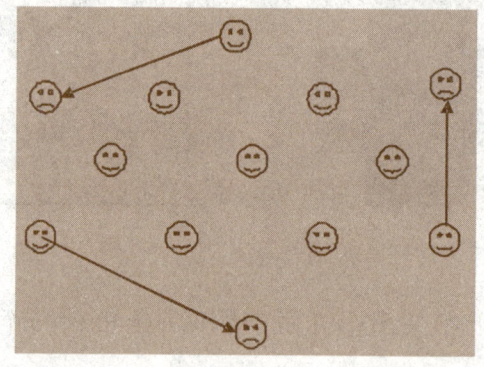

揪出偷鱼贼

从前,有一个商人,在荷兰的阿姆斯特丹港口,向当地渔民购买了5000吨青鱼。为了防止丢失,他亲自监督过磅,然后又亲眼看着装上船,这才放心地起锚开航。旅途中,他派专人看守盛鱼的船舱,认为这样做就能万无一失了。船经过了几十天的航程,来到了非洲赤道附近的马加的沙港停泊,准备在那儿将鱼脱手卖出去。谁知一过秤,却发现青鱼少了将近19吨。短缺的鱼到哪里去了呢?被偷是不可能的,因为轮船沿途并没有靠过岸。当时,大家都无法揭开这个秘密。

那么，你能解开这个谜，揪出那个偷鱼的贼吗？

答案：物体所受重力的大小，取决于地球对物体的吸引力。地球对同一物体的吸引力，在地球表面的不同地方，实际上是不完全相同的，它随着离地心距离的大小而变，距离近了，吸引力就大些；距离远了，吸引力就小些。据科学计算，在两极地区物体的重力，要

比赤道附近大0.53%。如果在南北极称是1千克的东西，运到赤道附近时，就只有0.9947千克了。同时，物体重力还同地球的自转速度有很大关系。在南北极，基本上不受地球旋转的影响，所以，那儿的地球引力最大；在赤道附近，受地球旋转的影响最大，地球引力减小。基于以上原因，那商人将5000吨青鱼从北极附近的阿姆斯特丹运到赤道附近的马加，自然就减少19吨。因此，偷鱼贼不是别人，而是"地球引力"。

棋艺高手

甲某在一个6×6的棋盘中，放入了两个黑子（如图所示）。

请问：你是否能在棋盘中放入白子，使得每行、每列、每条斜线上都不会超过两枚棋子吗？还有最多可以放多少枚棋子？

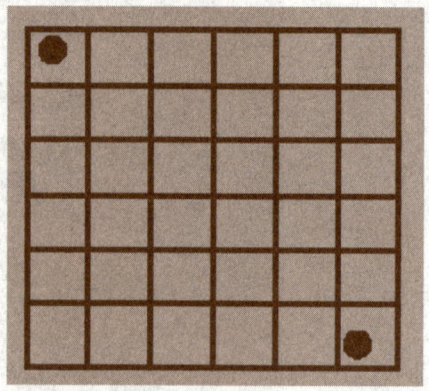

答案：除了甲某所放的2个黑子外，最多只能放下10个白子，方法如图所示：

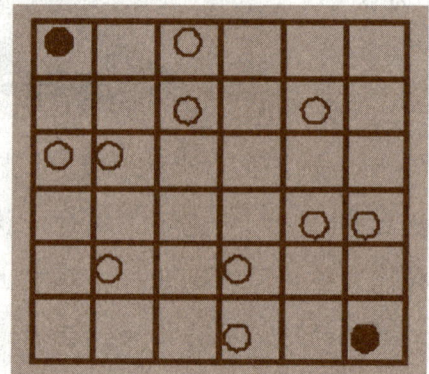

分辨棋子

现在分别有红、白、蓝三色三对棋子。从外表看，所有的棋子都是一模一样，但事实上，每对棋子都有一粒是较重的(为了方便说明，以"重子"和"轻子"来表示)。

现在，给你一个天平，只许你称两次，分辨出每组的"轻子"和"重子"来，你该怎样分呢？

答案：首先，在天平的两边各放上一红一白及一蓝一白的棋子，如果是平行的话，便知道每边都是轻重各一。第二次便留下两枚白子作比较，就可以区别出哪枚白子是重子。从而也告诉你，刚取下的一个红子和蓝子，哪个是重子，哪个是轻子。

如果第一次不平行，沉的一边的白子一定是重子。记着它并把两枚白子移到一边，一红一蓝则移到一边，进行比较。这时会出现三种可能：

其一：白子那边往下沉，则红蓝二子都是轻子；

其二：两白子轻，则红蓝二子是重子；

其三：是平行，则一红一蓝二子中，在第一次处在沉的一边那一枚是重子，而另一枚则是轻子。

谁先到车站

小刚和小花，都去找妈妈。谁先到车站？请你来回答。

答案：从图中可以看出，小刚脚下的地是干的，而小花脚下的地已湿了，所以小刚是先到的。

是否偷了东西

图1是小偷走过之前；图2是小偷走过之后。请你仔细看一看，小偷是否偷了东西？

答案：从图中影子的变化可以看出小偷偷了东西。

第三名的冠军

四位小朋友的赛跑成绩如下：阿一是冠军，阿二是亚军，阿三是季军，阿四是殿军。

今天，这四位小朋友举行比赛。然而一向跑得最快的阿一，今天竟然被阿二及阿三追过，你知道是什么原因吗？（注：四位小朋友都是全力以赴，阿一并没有伤患。）

答案：这四人是在玩二人三足比赛：阿一和阿四一组、阿二和阿三是另一组。

4个4等于多少

下面6个算术题都是4个4，请你在数字内添上加减乘除和括号等各种不同的符号，在演算后，得出不同的答案。

4444＝5

4444＝20
4444＝24
4444＝28
4444＝48
4444＝68

答案：$(4 \times 4 + 4) \div 4 = 5$
$4 + (4 \div 4) \times 4 = 20$
$4 \times 4 + 4 + 4 = 24$
$(4 + 4) \times 4 - 4 = 28$
$(4 \times 4 - 4) \times 4 = 48$
$4 \times 4 \times 4 + 4 = 68$

谁大谁小

照片上两个女孩谁大谁小呢？只知打蝴蝶结的女孩，再过两年后比她两年前大一倍；梳娃娃头的女孩，再过3年后比她3年前要大两倍。

答案：两个女孩一样大，都是六岁。

鸡鸭各多少

小敏家里养了不少鸡和鸭。

一天，王小刚问小敏："你们家有多少只鸡，多少只鸭？"

小敏回答："鸡数乘鸭数，把这个积数在镜子里一照，在镜子里看到的恰巧是我们家养的鸡和鸭的总数。"王小刚怔住了，这可该怎么算呢？

你能帮小刚算出小敏家养的鸡和鸭各有多少只吗？

答案：在镜中照见的物体都是左右相反的。数字中除0外，只有1和8在镜中照出来的仍旧像1和8，于是知道鸡和鸭的积一定是81，因为81在镜中照出来的是18，正好是9＋9，由此可知，小敏家里养的鸡和鸭各是9只。

上楼的时间

唐小清住在大吉大厦的12楼。自从他知道上楼梯可使身体健康后，她便弃升降机不用，而日日走楼梯。由一楼走到六楼，小清需用40秒，假设她的步速不变，那么由六楼至十二楼亦只需40秒，但事实并不如此，你知道是什么原因吗？

答案：原来由地下至六楼，

实际只有五层；由六楼至十二楼，则有六层，故此需要48秒。

鸡蛋放进杯

杯子上有一张卡片，卡片上有一个鸡蛋。不准用手拿鸡蛋，怎么把鸡蛋放进杯子里？

答案：用一把尺迅速地击卡片，使卡片从杯子上飞出来。由于惯性的作用，鸡蛋会落到杯子里。

木马过桥

"特洛伊"战争，也许大家并不清楚，但"木马屠城记"一定都知道是怎么一回事。

现在，这头木马要横过一条长5公尺的木桥。本来过桥是一件易事，不过，这匹长4.9公尺，重6吨的木马却遇过麻烦，因为这条桥的负重量是5吨。那么这匹木马要用什么方法才可以安全过桥呢？

答案：如图：

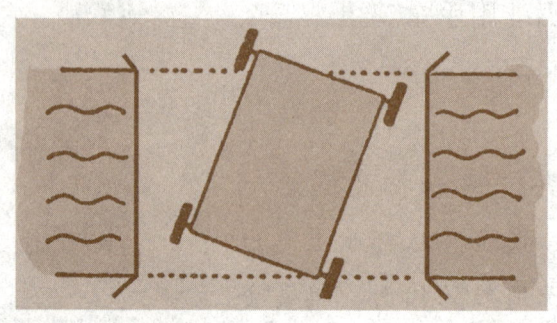

梯子有几级

有一座3层的楼房着火了，一个救火员搭了梯子爬到3层楼上去抢救东西。当他爬到梯子正中一级时，2楼的窗口喷出火来，他就往下退了3级。等到火过去，他又爬上7级，这时屋顶上有一块砖掉下来，他又往后退了2级，幸亏砖没有打着他，他又爬上6级。这时他距离最高一层还有3级。你想想看，这梯子一共有几级？

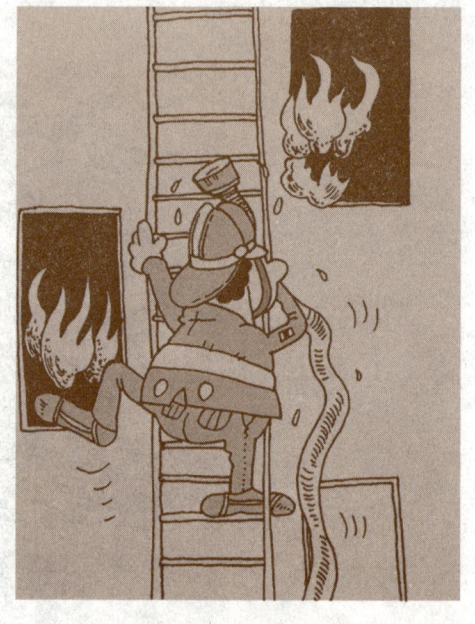

答案：梯子一共有23级，即 $(3 + 6 - 2 + 7 - 3) \times 2 + 1 = 23$。

车上的乘客

有一辆马车,由A站开始,载着五名乘客出发。到B站时,有三名乘客下车,两人登车。在C站只有一名乘客上车。在D站则有三人下车,四人登车。当马车驶离D市不久,便遇到印第安人的袭击,结果有两名乘客遇难。当到达E站后,车长把死者的遗体和两名伤者留下。随后,便在没有乘客的情况下到达终站。那么,在到达站时,车上共有多少名乘客呢?

答案:只剩下两名乘客。

如何过关卡

相传有一个恶霸在山间惟一的一条交通要道上,设了5个关卡,并巧立名目对过路行人进行敲诈勒索。其中有这么一条规定:凡赶带家畜者,每道关卡先扣其家畜的半数(如果所赶带的家畜数是单数,则多扣留半只),然后再退还一只。

一天,有兄弟3个赶着5只羊准备翻山到集市上去出售。当他们从过路行人那里得知上述的规定后,都很生气,又很着急。最后,聪明的大哥想了个办法,向两个弟弟嘱咐了几句话,便扬鞭赶着羊顺利地通过了5道关卡,结果是一只羊也没损失。

问:这兄弟3人到底是怎样赶着羊通过这条山路的?

答案:兄弟3人各自赶1~2只羊,分别通过关卡,所以一只羊也未损失。

谁先发觉

有两座高山，中间相隔500多米。有一天晚上，在第一座高山的山顶上有3个人：一个瞎子、一个聋子、还有一个虽然不瞎不聋，可是因为太疲倦，所以躺在地上睡着了，因此，既看不见，也听不见。

夜非常静，忽然，在第二座高山上有人向这边放了一枪，瞎子马上听见了"砰"的枪声；聋子虽然听不见，可是却看到了枪口上的火光；而那个睡着的人呢，他也发觉了，原来那颗枪弹恰巧擦着他的鼻尖飞过去。

当然，他们3人都发现有人放过枪了，可是你能说出他们3人之中，谁是最先发觉的人？

答案：光速每秒20万千米，子弹速度约每秒1~2千米之间，而声速为每秒1/3千米。可见最先发觉有人开枪的是聋子，其次是睡着了的人，最后是瞎子。

何时一起返回

阿强、阿伍、小刘、小王四人都是海员，今年1月1日，他们同时乘不同的游轮出海，阿强要隔16星期回港一次，阿伍每隔12星期回

港,小刘则隔8星期,小王也要4星期返港一次。由此可见,哪一天他们四人才可一同返港,重聚艺友之情呢?

答案:先找出他们相隔日子的最小公倍数,即是他们要经过48个星期才会相会。分别之时是1月1日,48个星期后便是12月2日。

忘了画什么

这里有8张图,粗心的小画家在每张图上都忘了画一样最重要的东西,请你给指出来好吗?

答案:(1)壶把,(2)叶子,(3)斧头,(4)吊环;(5)汽筒,(6)躺椅,(7)荡板,(8)水桶底。

巧调饮料

有两只容量一样大小的瓶子,甲瓶里装满了牛奶,乙瓶里装满了可可。

现在,一位顾客要求,把两只瓶里的饮料,调配成牛奶和可可各一半的混合饮料。但是，旁边只有三只一样大小的杯子，而且杯子的容量，恰巧是瓶子的三分之一。聪明的招待并未被难住，立刻利用这三只空杯，满足了顾客的要求。

你知道他是如何调配混合饮料的吗？

答案：把三只杯子分称为A、B、C。先把牛奶（下称甲瓶）倒满A杯和B杯，而将可可（下称乙瓶）倒满C杯。跟着把C杯的可可倒入甲瓶，再把乙瓶里的可可倒满C杯。第三步是把A杯的牛奶倒入乙瓶，然后将乙瓶的混合饮料倒满甲瓶，这时乙瓶正好还可装两杯饮料，即B杯的牛奶和C杯的可可。这样，招待员便将两瓶饮料调配成牛奶和可可各占一半的混合饮料。

找出真手表

这两块手表，一块是真的，一块是玩具。请你看看哪块是真的？

答案：右边的那块是玩具，从它的指针便可以分辨出来。它的分针那样长，在表盘上是走不过去的。

谁先返回

两个水上运动健儿在划船训练时进行比赛:一个在河里先顺流划,一个在河旁的一个平静的湖里划,两个划的路程一样。假如在全部时间内两个划船运动员所用的力完全一样。那么,他们谁先回到出发点?

答案:一百位读者中有九十九位也会说:"两人同时回来。"但事实上却不然。

在流动河水中划艇,若是顺流时,当然可少不少气力及时间,但所缩短的时间却不是弥补在逆流时所增加的时间。所以在河里划船的运动员要比在静水中划船的运动员迟回到出发点。

帆船会前进吗

有人说这只帆船不会前进一步,对吗?

答案:帆船前进的方向和风的方向相反。这样行驶,不但不能前进,而且会后退。

179

巧填数字

下面每一组图形都有它自己的规律。先把规律找出来,再把空缺的数字填进去。

答案:在三角形的那组图形中,外边三角形中的3个数相乘,再除以2就得到中间三角形的数字,因此,$3 \times 4 \times 6 \div 2 = 36$。在圆圈的那组图形中,小圆圈中的3个数相加,再乘以2,就得到大圆圈的数,因此$(5 + 6 + 9) \times 2 = 40$。

智搬枕木

有枕木15根,排成一竖排。现在要求每次只搬1根枕木,把这些枕木搬成5个组,每组是3根;每次搬的时候要求跳过3根枕木。请你想一想,应该怎样搬?

答案:按下列次序搬枕木
$5 \rightarrow 1$,$6 \rightarrow 1$,$9 \rightarrow 3$,$10 \rightarrow 3$,$8 \rightarrow 14$,$4 \rightarrow 13$,$11 \rightarrow 14$,$15 \rightarrow 13$,$7 \rightarrow 2$,$12 \rightarrow 2$。

能晒黑吗

有一次方方想把皮肤晒黑一点。他脱下衬衫，坐在屋里的玻璃窗前，炎热的阳光穿过玻璃，照射在方方身上。可是奇怪，他坐了半天完全白费，根本没晒黑，这到底为什么呢？

答案：因为太阳光中的紫外线，能晒黑皮肤，但紫外线不能透过玻璃。所以，方方坐在屋里的玻璃窗前晒不黑。

一句话定真假

地球上，有许多奇怪的地方，尼伯市就是其中之一。这个市分为南北两区：南区的居民很爱说谎；北区的居民十分诚实。

一天，一个游客在这个市迷了路，他本想向途人问路，但又害怕问到的人是南区居民。后来，他终于想到可以确定路人身份的一句话，你知道是哪一句话吗？

答案：游客只要问："你是否住在这个城？"就可知道路人的身份。如果是北区居民，他会回答："是。"；而爱说谎的南区居民则会说："不！"

图书在版编目（CIP）数据

校园智力类活动指导手册 / 石岚君编著. -- 长春：吉林出版集团有限责任公司，2013.11（2020.11重印）
ISBN 978-7-5534-3302-8

Ⅰ．①校… Ⅱ．①石… Ⅲ．①智力游戏－青年读物 ②智力游戏－少年读物 Ⅳ．①G898.2-49

中国版本图书馆CIP数据核字(2013)第226675号

校园智力类活动指导手册

石岚君　编著

出 版 人：	齐　郁
责任编辑：	孙　婷
封面设计：	大华文苑（北京）图书有限公司
版式设计：	大华文苑（北京）图书有限公司
法律顾问：	刘　畅
出　　版：	吉林出版集团股份有限公司
发　　行：	吉林出版集团青少年书刊发行有限公司
地　　址：	长春市福祉大路5788号
邮政编码：	130118
电　　话：	0431-81629800
传　　真：	0431-81629812
印　　刷：	北京兴星伟业印刷有限公司
版　　次：	2013年11月　第1版
印　　次：	2020年11月　第3次印刷
字　　数：	158千字
开　　本：	710mm×1000mm　1/16
印　　张：	12
书　　号：	ISBN 978-7-5534-3302-8
定　　价：	35.00元

版权所有　翻印必究